NAPOLEON HILL

Les LOIS du SUCCÈS

TOME II

Édition révisée et adaptée au 21ième siècle par Ann et Bill Hartley

Édition révisée et adaptée

NAPOLEON HILL

Les LOIS du SUCCÈS

TOME II

Leçons 5 à 8

L'ensemble des quatre tomes contient les leçons 1 à 17

Une philosophie authentique à partir de laquelle tous les succès personnels et professionnels sont réalisables.

PERFORMANCE Édition

Édition révisée et adaptée

Publié par : Performance Édition
CP du Tremblay
C.P. 99066
Longueuil, Qc
J4N 0A5
450 445-2974

Courriel : info@performance-edition.com
Site Web : www.performance-edition.com

Distribution pour le Canada : Prologue Inc.
1650, Lionel Bertrand
Boisbriand, Qc
J7H 1N7

Distribution européenne : www.libreentreprise.com

ISBN 978-2-923746-80-7

Traduction, adaptation et révision : Françoise Légaré-Blanchard

Mise en pages : Pierre Champagne infographiste

Dépôt légal 2ième trimestre 2012
Dépôt légal Bibliothèque et Archives nationales du Québec, 2012
Dépôt légal Bibliothèque nationale du Canada, 2012

imprimé au Canada

RÉFÉREZ-VOUS AU TOME 1 POUR LIRE:

- La dédicace
- Hommages à l'oeuvre Les Lois du succès de la part de grands leaders américains.
- Un mot des éditeurs Ann et Bill Hartley à propos de cette nouvelle édition révisée
- Un mot de l'auteur provenant de l'édition 1928
- Remerciements de l'auteur pour l'aide reçue lors de l'écriture de ce cours
- Exercice de comparaison

LES DIX-SEPT LEÇONS DES LIVRES *LES LOIS DU SUCCÈS*

CONTENU DES QUATRE TOMES

Tome UN

Tome DEUX

Tome TROIS

Tome QUATRE

Tous les événements de notre vie sont temporaires; seule la vérité est permanente!

LEÇON 5

L'INITIATIVE ET LES QUALITÉS DE LEADERSHIP

Vous pouvez le faire si vous y croyez!

Avant de commencer à maîtriser cette leçon, permettez-moi de vous rappeler qu'il existe une coordination parfaite de la pensée qui couvre tous les aspects des leçons de ce cours sur les lois du succès. Les dix-sept leçons s'allient et se fusionnent les unes aux autres de telle sorte qu'elles créent une chaîne parfaite construite, maillon par maillon, à partir des facteurs qui entrent dans le développement de la puissance grâce à l'*effort organisé*.

Considérez aussi que les mêmes principes fondamentaux de cette psychologie appliquée forment les bases de chacune des dix-sept leçons, et cela, même si une application différente de ces principes est apportée dans chacune d'elles.

Cette leçon sur l'initiative et les qualités de leadership suit celle sur la confiance en soi parce que personne ne pourrait devenir un leader efficace ou prendre l'initiative d'entreprendre un grand projet, sans d'abord croire en elle-même.

LA PUISSANCE DE L'INITIATIVE

Les raisons pour lesquelles l'initiative et le leadership sont des termes associés dans cette leçon sont dues au fait que le leadership est une des qualités essentielles à l'atteinte du succès et l'initiative est la base même sur laquelle cette qualité nécessaire de leadership est fondée. L'initiative est aussi vitale au succès qu'un essieu est essentiel à une roue.

L'initiative est cette qualité extrêmement rare qui exhorte une personne à faire ce qui doit être fait *sans qu'on ait à lui dire de le faire.* Elbert Hubbard s'exprima en ces termes au sujet de l'initiative : « Le monde attribue ses grandes récompenses, à la fois en argent et en honneurs, pour une chose précise : l'initiative.

« Qu'est-ce que l'initiative? C'est faire la bonne chose sans qu'on vous le demande.

« Mais, en plus de faire la bonne chose sans qu'on vous le demande, c'est de la faire dès que demandé. Les gens qui peuvent répondre positivement et rapidement sont reconnus, et cela, même si leur rémunération, pour l'instant, n'est pas toujours proportionnelle à l'effort déployé.

« Ensuite, il y a ceux qui font les bonnes choses seulement lorsqu'ils y sont forcés et ceux-là ne reçoivent que de l'indifférence plutôt que de la reconnaissance et, malheureusement, un pauvre salaire.

Ces derniers passent une grande partie de leur temps à exécuter un travail quelconque en se plaignant de leur malchance.

« Ensuite, au bas de l'échelle, se retrouve la personne qui ne fait pas la bonne chose, même lorsque quelqu'un lui démontre de quelle façon s'y prendre et qu'il reste sur place pour s'assurer que ce soit bien fait; celui-là est toujours en chômage et reçoit le mépris qu'il mérite, à moins d'avoir un parent riche en arrière-plan; dans ce cas, le destin l'attend patiemment au tournant avec une matraque.

« À quel type appartenez-*vous?* »

Comme vous allez dresser votre propre inventaire de vos potentialités dans le but de déterminer laquelle des dix-sept exigences de ce cours vous avez le plus besoin, lorsque vous aurez complété la dernière leçon, ce serait formidable que vous commenciez à vous préparer à faire cette analyse en répondant à la question d'Elbert Hubbard :

À quelle catégorie appartenez-vous?

L'une des caractéristiques du leadership, c'est le fait que cet attribut ne s'est jamais retrouvé chez ceux qui n'ont pas acquis *l'habitude* d'agir avec initiative. Le leadership, c'est quelque chose dont vous devez amorcer le processus par vous-même; il ne s'imposera pas de lui-même. Si vous voulez faire une analyse soigneuse de tous les leaders que vous connaissez, vous constaterez alors qu'ils ont non seulement fait preuve d'initiative, mais qu'ils ont entrepris leur travail ayant un *but clairement défini* à l'esprit. Vous serez à même de constater qu'ils bénéficiaient de cette qualité décrite dans la troisième leçon de ce cours : la *confiance en soi.*

Ces caractéristiques sont soulignées dans cette leçon parce que cela vous sera bénéfique d'observer que les gens qui ont réussi ont utilisé *tous* les éléments couverts par les dix-sept leçons de ce cours et, plus important encore, parce que cela vous aidera à mieux comprendre le principe de *l'effort organisé* que ce cours désire imprimer dans votre esprit.

Il semble que ce soit le moment approprié de vous faire remarquer que le but de ce cours n'est pas conçu comme un *raccourci* vers la réussite, ni une formule mécanique utilisable dans une réalisation de haut niveau, sans aucun effort de votre part. La valeur réelle de ce cours dépend de l'utilisation que vous en ferez et non dans le cours lui-même. Le but principal de ce cours est de vous aider à développer en vous-même les qualités contenues dans ses dix-sept leçons et, l'une d'elles, parmi les plus importantes est l'initiative, le sujet de cette leçon.

Nous allons maintenant appliquer le principe sur lequel cette leçon est basée et décrire en détail la façon dont il fut utilisé pour effectuer avec succès une transaction commerciale que la plupart qualifierait de difficile.

En 1916, pour démarrer un institut de formation, j'avais besoin de 25 000 $, mais je n'avais ni la somme ni les garanties pour l'emprunter des sources bancaires conventionnelles. Me suis-je plaint de mon sort ou pensé à ce que je pourrais accomplir si un parent riche ou un bon Samaritain me prêtait le capital nécessaire?

Ce n'est pas ce que je décidai de faire!

Je n'ai qu'appliqué tous les éléments qui vous sont conseillés durant ce cours. En tout premier lieu, mon but clairement défini était d'obtenir le capital. Par la suite, j'ébauchai un plan complet à travers lequel je pourrais transformer ce but en réalité. Étant soutenu par la confiance en moi et stimulé par mon esprit d'initiative, je mis mon plan en action. Mais, avant même d'avoir procédé à cette mise en action, plus de six semaines de recherche, de réflexions et d'efforts incessants furent investis dans mon projet. Pour qu'un plan soit solide, il doit être construit avec des matériaux choisis avec soin.

Considérez ici l'application du principe de *l'effort organisé* à partir duquel il est possible pour une personne d'unir ou d'associer plusieurs intérêts de telle sorte que *chacun d'eux* soit amplement renforcé et que chacun soutienne tous les autres, de même façon que le maillon d'une chaîne renforce tous les autres.

Je tenais à trouver ce capital de 25 000 $ dans le but d'ériger un institut d'enseignement en publicité et vente. Deux choses étaient nécessaires à la création d'un tel institut : la première était la somme de 25 000 $ que je ne possédais pas et la seconde, l'enseignement approprié, que j'avais en ma possession. Mon défi était de *m'associer* à des personnes qui avaient besoin de ce que j'avais à leur fournir et qui me procureraient l'argent nécessaire.

Cette association devrait être faite au moyen d'un plan qui bénéficierait à tous ceux concernés par cette affaire.

Après que mon plan fut complété et que je fusse satisfait de son impartialité et de sa pertinence, je le présentai à un propriétaire d'une école de commerce réputée qui trouvait justement la concurrence féroce et qui avait grand besoin d'un plan pour faire face à cette compétition.

Je lui présentai mon plan en ces mots :

« Vous avez l'une des écoles de commerce les plus réputées dans cette ville et un plan vous est nécessaire pour affronter la concurrence dans votre domaine. Comme votre excellente réputation vous a procuré tout le crédit dont vous avez besoin et que je crois détenir le plan parfait pour vous aider à affronter cette concurrence avec brio, je crois alors qu'il serait préférable d'unir nos forces par le biais d'un projet qui vous procurerait l'objet de vos désirs tout en m'octroyant quelque chose que je recherche moi-même. »

Je poursuivis donc l'explication plus détaillée de mon plan en ces mots :

« J'ai préparé un cours d'ordre pratique sur la publicité et la vente. Il est basé sur mon expérience personnelle dans la formation de représentants, ainsi que dans la planification et la gestion de campagnes publicitaires fructueuses, c'est donc dire que je possède plusieurs preuves de son exactitude.

« Si vous vouliez utiliser votre argent pour mettre ce cours en marche dans votre institut, je l'introduirais en tant qu'un des segments réguliers de vos cours de formation et ainsi prendre la responsabilité entière de cette nouvelle division. Aucune autre école de commerce ne sera capable de vous faire concurrence parce qu'aucune autre école n'offre un tel cours. La publicité qui sera faite pour la promotion de ce cours servira également à créer une demande pour votre cours commercial régulier. Vous pourrez imputer la somme entière dépensée pour cette publicité à ma division; la somme vous sera remboursée, permettant à vos autres divisions de bénéficier d'avantages cumulatifs, et cela, sans engager d'autres frais pour vous.

« J'imagine que vous aimeriez savoir de quelle façon je profiterai moi-même de cette transaction. Je souhaite d'abord que nous signions ensemble une entente en vertu de laquelle il serait entendu que lorsque les rentrées d'argent de ma division égaleront le montant que vous aurez investi ou que vous vous serez engagé à investir en publicité, ma division et mon cours deviendront alors ma propriété personnelle et j'aurai le privilège de pouvoir les séparer de votre institut, si c'était mon souhait à ce moment-là, et de l'administrer sous mon nom personnel. »

Le plan fut accepté et le contrat signé. (Gardez à l'esprit que mon *but clairement défini* était de m'assurer l'usage des 25 000 $ pour lesquels je n'avais aucune garantie à offrir.)

> **La sécurité n'existe pas sur terre.**
>
> **Il n'y a que des occasions.**
>
> *-Général Douglas MacArthur*

COMMENTAIRE

On peut trouver un puissant exemple d'initiative dans une des plus grandes histoires de succès modernes : la création de Microsoft par Bill Gates et Paul Allen.

Gates et Allen se lièrent d'amitié à l'école secondaire et devinrent rapidement des génies du monde informatique, des hommes obsédés par la programmation et qui ne semblaient penser à rien d'autre.

En 1974, Gates poursuivait ses études à Harvard tandis qu'Allen, qui s'était établi à Cambridge, au Massachusetts, travaillait pour Honeywell. C'est à cette époque que les deux hommes firent preuve de l'esprit d'initiative qui allait guider leur carrière respective. En page couverture du magazine Popular Electronics, *on fit cette année-là la publicité en page couverture d'un nouvel ordinateur, l'Altair 8800, offert au grand public pour environ 400 $.*

Aujourd'hui, l'Altair nous donnerait l'impression de venir de l'âge de pierre. Il était dépourvu d'un clavier tactile et devait être branché sur un télétype. Mais Gates et Allen savaient que cet ordinateur pouvait être extrêmement attirant si seulement quelqu'un se donnait la peine d'écrire une version simple du langage de programmation BASIC pour fournir les instructions de son utilisation.

Durant deux mois, et ce, en dépit du fait que ni l'un ni l'autre ne possédaient d'Altair, Gates et Allen s'employèrent donc à écrire le langage BASIC pour cette nouveauté, puis ils entrèrent en contact avec Ed Roberts, l'ingénieur qui avait mis au point l'Altair 8800.

Leur version de BASIC fonctionna et Roberts fut si impressionné qu'il offrit un contrat à Gates et Allen. Dès l'été suivant, les deux compères formaient une entreprise qu'ils nommèrent Microsoft;

cette dernière obtiendrait des redevances sur chaque appareil vendu qui comportait leur langage. Rapidement, ils ont adapté d'autres langages de programmation pour l'Altair.

Parfois, il semble que lorsqu'on souhaite souligner un point fort à propos de n'importe quel aspect du succès, on cite Bill Gates et la création de Microsoft. Quel est alors le but de cette histoire dans le contexte de l'initiative?

Il est possible de réussir sans démontrer d'initiative particulière. Il y a des gens qui suivent des chemins déjà pavés par d'autres et qui réussissent. Bill Gates et Paul Allen, très brillants en informatique, auraient probablement très bien réussi sans démontrer d'initiative.

D'un autre côté, il y a des gens qui débordent d'idées géniales qui ne les conduisent toutefois pas au succès parce que ces idées ne dépassent jamais le stade de la conversation avec leurs amis. Là encore, cela aurait bien pu être l'histoire de Gates et Allen.

Mais ce ne fut pas le cas. Et c'est là que l'initiative entre en jeu. Les deux hommes ne se sont pas contentés du déroulement de ce qui est devenu une extraordinaire aventure. Et ils ne se sont pas non plus contentés d'entendre dire par d'autres à quel point ils avaient eu une bonne idée. Sans initiative, ils auraient pu obtenir suffisamment de succès pour satisfaire la plupart des gens, mais parce qu'ils ont mis leur esprit d'initiative à contribution, ils se sont hissés à un niveau plus élevé. Ils sont sortis des sentiers battus et ont poussé l'idée au maximum et, de ce fait, n'ont pas seulement réussi, mais ont réalisé le plus grand des succès de toute l'histoire du monde.

Moins d'un an plus tard, l'institut de commerce avait versé un peu plus de 25 000 $ en publicité et mise en marché de mon cours, en plus des faux frais essentiels pour permettre le fonctionnement de cette division récemment mise sur pied. Pendant ce temps, cette dernière avait encaissé et remboursé à l'institut, une somme égale au montant que l'école avait versé en frais de scolarité. Tel que stipulé dans mon contrat, je pus donc prendre les rênes de la direction de la division, une entreprise ayant le vent dans les voiles et entièrement autonome.

En effet, cette nouvelle division a non seulement attiré des étudiants dans les autres cours de l'école, mais en même temps, les frais de scolarité ainsi encaissés suffirent à en faire un département financièrement autonome avant la fin de la première année.

Donc, vous êtes à même de constater que même si l'institut ne m'a pas prêté un seul sou en capital, elle m'a malgré cela avancé le crédit qui a servi exactement au même objectif.

Au début, j'ai mentionné que mon plan était échafaudé sur la droiture et qu'il considérait un bénéfice pour toutes les parties concernées. Le bénéfice qui m'avantagea fut l'usage des 25 000 $ qui procura comme résultat une entreprise accréditée qui pouvait se suffire par ses propres moyens dès la fin de la première année. Le bénéfice avantageant l'institut fut le nombre supplémentaire d'étudiants qui se sont inscrits à ses cours réguliers de commerce et d'affaires, une augmentation qui provenait de l'argent versé en publicité pour ma division, celle-ci ayant été faite au nom de l'institut.

Aujourd'hui, cette école de commerce est l'une des meilleures écoles de sa catégorie et se tient tel un monument à l'effigie de l'évidence de la valeur de *l'effort organisé.*

COMMENTAIRE

Quoiqu'elles ne soient pas entièrement parallèles, les histoires racontées par monsieur Hill et l'histoire de la montée de Microsoft démontrent la mise en application des principes de base des lois du succès. Dans les deux cas, les entrepreneurs n'avaient pas les fonds nécessaires pour lancer leurs projets eux-mêmes. Dans les deux cas, ils ont pris l'initiative de trouver une personne pour les seconder et lui ont démontré qu'il était dans son intérêt de financer leur projet. Comme le souligne monsieur Hill, une fois le projet mené à bon terme et le capital remboursé, le commerce lui était assuré et le collège partenaire devint finalement l'établissement d'enseignement le plus prodigieux de sa catégorie.

Mais poursuivons l'exemple de Microsoft. En 1980, IBM cherchait quelqu'un qui saurait mettre au point un langage qui permettrait de lancer sur le marché une gamme d'ordinateurs personnels beaucoup plus sophistiquée que l'Altair. L'entreprise voulait obtenir des résultats en trois mois. Microsoft releva le défi.

Allen et Gates ont alors acheté le système d'exploitation d'une autre entreprise et l'ont adapté pour IBM, lui donnant le nom de MS-DOS, système d'exploitation par disque de Microsoft. Gates, Allen et leur personnel respectèrent le délai imparti et le PC d'IBM fit sensation au point où il inspira une vague immédiate de copies et de versions moins chères.

L'entente que Gates et Allen avaient avec IBM leur permettait de vendre leur logiciel à qui ils voulaient. Et c'est ce qu'ils ont fait, en naviguant sur la vague de l'immense popularité des ordinateurs personnels. Là encore, Microsoft ne s'est pas arrêtée là. Les deux hommes ont mis sur pied une force de vente à l'échelle mondiale pour vendre leur logiciel dans d'autres pays et ils ont continué à travailler à améliorer le MS-DOS. En quatre ans, leurs ventes ont quadruplé.

De nos jours, Microsoft domine le marché international des logiciels. Est-ce de la chance? Est-ce que Bill Gates et Paul Allen étaient au bon endroit au bon moment? Certainement pas. Dès qu'ils ont vu l'Altair sur la couverture de Popular Electronics, ils ont poursuivi un but clairement défini qui a continué à prendre de l'ampleur au fil du temps. Ils étaient déterminés à se rendre indispensables auprès des manufacturiers et des propriétaires d'ordinateurs personnels.

Une fois leur succès initial obtenu, ils ont poursuivi sur leur lancée et ont continué à aller de l'avant et à peaufiner ce qu'ils avaient déjà créé.

Microsoft est le chef de file de l'industrie des logiciels précisément parce qu'elle a toujours été désireuse de prendre l'initiative, autant que les risques, et ainsi de poursuivre les objectifs des fondateurs.

Cette histoire et la précédente ne servent pas uniquement à démontrer l'utilité de l'initiative et du leadership, mais elles conduisent également au sujet de la prochaine leçon de ce cours sur les lois du succès, qui est l'imagination.

Généralement, un but peut être atteint en établissant plusieurs projets différents. Il s'est souvent avéré que les méthodes habituelles employées ne soient pas les meilleures. La méthode courante de procédure, dans le cas présent, aurait été d'emprunter d'une banque. Vous pouvez constater que cette méthode était impossible pour la simple raison que je ne pouvais offrir quelque garantie que ce soit.

Un philosophe a déjà dit : « *L'initiative est le passe-partout qui ouvre la porte aux occasions.* »

Je ne me souviens plus du nom de ce philosophe, mais je sais qu'il était *grand* d'après l'exactitude de son énoncé.

Je vais maintenant décrire le processus précis à suivre pour devenir une personne *d'initiative et* de *leadership.*

ÉLIMINER LA PROSCRASTINATION

Premièrement, vous devez maîtriser la mauvaise habitude de *procrastiner* et l'enrayer de votre caractère. Cette habitude de remettre à plus tard ce que vous auriez déjà dû faire engloutit l'essentiel même de votre être et il vous sera impossible d'accomplir quoi que ce soit de valable tant que vous n'aurez pas dompté cet aspect de votre caractère.

La démarche par laquelle il est possible de supprimer la procrastination se base sur un principe de psychologie bien connu, mis à l'épreuve scientifiquement, auquel on a référé dans les deux leçons précédentes, l'*autosuggestion*.

Photocopiez cette formule et placez-la dans un endroit stratégique de votre chambre où vous la verrez au coucher et au lever :

> Comme j'ai choisi un but clairement défini comme mission de vie, je comprends maintenant que c'est mon devoir de transformer en réalité ce but qui me tient tant à cœur. Par conséquent, chaque jour, je prends l'habitude de poser une action précise qui me rapprochera de sa réalisation.
>
> Je sais que la procrastination est dévastatrice chez quiconque veut devenir un leader, et cela, dans n'importe quel

projet. Je travaille donc à éliminer cette habitude néfaste de mon caractère :

1. En faisant chaque jour quelque chose de prédéterminé, qui doit être fait, et cela, sans que personne ne m'incite à le faire;

2. En cherchant à faire chaque jour au moins une chose que je n'ai pas l'habitude de faire, que les autres apprécieront, et cela, sans m'attendre à être payé;

3. Chaque jour, en échangeant avec au moins une autre personne sur la valeur de pratiquer l'habitude de faire une chose qui doit être faite, sans que personne m'oblige à le faire.

Je sais que les muscles du corps deviennent forts en proportion de leur utilisation; donc, je comprends que *l'habitude* de l'initiative s'implante aussi en proportion de son usage.

Je conçois qu'en mettant en pratique *l'habitude* de prendre l'initiative dans mon travail, en plus d'en développer l'habitude, j'attirerai également l'attention de ceux qui accorderont une plus grande valeur monétaire pour mes services, et cela sera le résultat de cette pratique.

Signé ....

Indépendamment de ce que vous faites maintenant, chaque jour vous accorde des occasions de rendre service, en surplus de vos tâches régulières, ce qui aura de la valeur aux yeux des autres. En rendant ce service additionnel volontairement, vous comprenez alors que vous ne faites pas ce geste dans le but de recevoir un paiement monétaire. Vous rendez service parce que votre décision vous fournit des méthodes et des moyens d'entraîner, de développer et de fortifier l'esprit entreprenant de l'initiative qu'il faut posséder avant de devenir une figure remarquable dans le domaine que vous avez choisi.

Ceux qui travaillent uniquement pour l'argent et que leur salaire ne consiste que d'argent sont toujours sous-payés, peu importe la somme reçue. L'argent est bien sûr nécessaire, mais les grandes récompenses de la vie ne peuvent pas être toutes évaluées monétairement.

Aucune somme d'argent ne saurait vraiment remplacer le bonheur, la joie et la fierté dont jouit la personne qui accomplit un meilleur travail que ce soit de creuser un trou, construire un poulailler ou cuisiner un repas. Toute personne normale aime créer quelque chose qui est mieux exécuté que la moyenne. Le bonheur *de créer* une œuvre d'art est une joie qui ne peut être remplacée par de l'argent ou par toute autre forme de possession matérielle.

Une jeune femme travaillait à ouvrir, classer et répondre à presque tout mon courrier personnel. C'est ce que fut son travail durant ses trois premières années à mon service. Une de ses tâches était de prendre en sténographie les messages qui lui étaient dictés. Elle était payée à peu près la même chose que les autres employés pour un service semblable. Je lui dictai un jour la phrase suivante que je lui demandai de transcrire :

Souvenez-vous que votre seule limite est celle que vous fixez dans votre propre esprit.

Lorsqu'elle me remit la page dactylographiée, elle me dit : « Cette phrase m'a donné une idée qui aura de la valeur pour vous et moi. »

Je lui répondis que j'étais enchanté de lui avoir rendu service. Bien que cette remarque n'avait créé chez moi aucune impression particulière, je pus constater, dès ce moment, qu'elle avait suscité une impression favorable sur elle. Elle se mit à revenir au bureau en soirée, exécutait des tâches pour lesquelles elle n'était ni payée ni qu'on attendait d'elle. Même si je ne lui avais pas demandé de le faire, elle commença à m'apporter des lettres auxquelles elle avait déjà répondu pour moi. Ayant étudié mon style, ce courrier était aussi bien rédigé que si je l'avais fait moi-même; parfois, beaucoup mieux. Cette habitude fut maintenue jusqu'à ce que ma secrétaire personnelle démissionne. Je me mis donc à la recherche d'une remplaçante. Quoi de plus normal que de lui offrir ce poste! Avant que je n'aie eu le temps de lui faire une offre, de sa *propre initiative,* elle en avait pris possession. Mon courrier personnel arrivait à mon bureau portant son nom, comme secrétaire. Grâce à ses heures de travail supplémentaires non rémunérées, elle s'était préparée elle-même pour obtenir le meilleur poste de mon personnel.

Mais il y a plus encore. Elle devint si compétente que d'autres employeurs lui firent des propositions alléchantes. J'ai majoré son salaire plusieurs fois depuis et elle reçoit maintenant quatre fois plus que le montant qu'elle recevait à ses débuts en tant que simple sténographe. En vérité, j'ai perdu tous mes moyens, car elle s'est rendue tellement inestimable que je n'aurais pu continuer sans sa contribution.

Voilà ce qu'est l'initiative appliquée. Je serais négligent de ne pas attirer votre attention sur un avantage autre que cette grosse augmentation salariale, que *l'initiative* de cette jeune femme lui a procuré. Il s'est développé en elle un esprit de gaieté que la plupart des secrétaires ne connaissent jamais. Son travail n'est pas un travail – elle joue plutôt à un jeu vraiment intéressant. Même si son arrivée au bureau avant les autres et son départ longtemps après que ses collègues qui guettaient les aiguilles de l'horloge signalant la fin de leur journée de travail, les heures lui semblaient plus courtes qu'aux autres. Les heures de travail ne traînent pas en longueur chez ceux qui sont heureux à leur emploi.

Nous voilà maintenant rendus à la prochaine étape de notre description de la procédure exacte qu'il faut suivre pour développer l'initiative et le leadership.

À un homme ayant très bien réussi, on demanda :
« Devant les grands défis de la vie,
qu'est-ce qui vous a aidé à les dépasser? »
Il répondit : « D'autres défis! »

INSPIRER LES AUTRES

Pour être heureux, il faut procurer du bonheur aux autres. Il en est ainsi du développement de l'initiative. Nous apprenons mieux ce que nous enseignons à d'autres, nous connaissons tous cette vérité. Lorsqu'une personne adopte une certaine croyance, elle tente en premier d'en *vendre* l'idée à d'autres. Plus elle réussit à les toucher, plus elle amplifie sa croyance.

Dans l'art de la vente, pour réussir, un représentant doit en premier lieu se vendre à *lui-même,* c'est un fait bien connu. Dans la vente, aucun représentant ne peut atteindre le maximum sans, tôt ou tard, se vendre à lui-même ce qu'il essaie de vendre à d'autres.

Tout énoncé qu'une personne répète sans fin dans le but d'inciter les autres à y croire, finit par s'en convaincre aussi; cela est aussi valable pour les vrais énoncés que pour les faux.

Maintenant, voyez l'avantage d'accepter la responsabilité de *parler* initiative, de *penser* initiative, de *manger* initiative, de *dormir* initiative et de *pratiquer* l'initiative. Vous *devenez* alors une personne d'initiative et de leadership, car il est vrai que les gens suivent de bon gré, de façon volontaire et avec plaisir, une personne qui sait démontrer par ses actions qu'elle est une personne d'initiative.

Dans votre milieu de travail ou dans la ville où vous demeurez, vous entrez en contact avec d'autres personnes de façon régulière. Que ce soit alors pour vous une responsabilité personnelle d'intéresser ceux qui vous écoutent à propos de l'initiative. Vous n'avez pas à justifier vos raisons de le faire. Foncez et faites-le. En votre âme et conscience, vous comprenez que vous agissez ainsi dans le but de vous aider tout en ne faisant aucun tort aux auditeurs que vous voulez également influencer.

Tentez une expérience : choisissez une personne que vous connaissez qui ne fait jamais rien qu'on ne s'attend pas d'elle. Commencez à lui vendre l'*idée* de l'initiative, un programme qui se révélera à la fois amusant et productif pour vous. N'arrêtez pas de discuter du sujet à la première tentative; abordez le sujet dès que vous en avez l'occasion. Traitez du sujet sous un angle différent chaque fois. En tentant cette expérience avec tact et vigueur, vous serez à même d'observer bientôt un changement chez la personne avec laquelle vous tentez l'expérience. Plus important encore, vous constaterez une réaction encore plus profonde : vous remarquerez un changement en vous-même! Il vous sera profitable de tenter cette expérience. Il est impossible d'entretenir le sujet de l'initiative avec d'autres personnes sans, en même temps développer un désir de la mettre en pratique vous-même.

Par le mécanisme du principe de l'autosuggestion, chaque énoncé transmis à d'autres laisse une empreinte sur votre subconscient et c'est également le cas, que vos énoncés soient faux ou vrais. Vous avez souvent entendu le proverbe : *« Celui qui vit par l'épée périra par l'épée »*. Interprété correctement, cela signifie simplement que nous attirons constamment à nous-mêmes et entremêlons dans nos propres tempéraments et personnalités, ces qualités que notre influence aide à créer chez les autres. Si nous aidons les autres à développer l'habitude de l'initiative, nous développons en retour cette même habitude. Si nous semons la graine de la haine, de l'envie et du découragement chez les autres, en retour, nous les développerons en nous-mêmes.

Nous en venons maintenant à une prochaine étape dans la procédure que vous devez suivre pour développer initiative et leadership.

On a toujours dit que le temps change les choses,
mais, en définitive,
vous devez les changer vous-mêmes.

-Andy Warhol

LE LEADERSHIP ET LE TRAVAIL D'ÉQUIPE

Avant de continuer, comprenons bien ce que le terme *leadership* signifie, tel qu'il est utilisé en relation avec ce cours. Il y a deux sortes de leadership et l'une d'elles est aussi mortelle et destructive que l'autre est utile et constructive. Celle qui est mortelle, qui ne conduit pas à la *réussite,* mais à *l'échec absolu,* est celle qui est adoptée par les pseudo leaders qui *imposent* leur leadership sur leurs suiveurs qui n'ont pas le goût de les suivre.

Napoléon Bonaparte était sans aucun doute un *leader*, mais il mena ses militants et lui-même à la destruction. Ce n'est pas le genre de leadership utilisé par Napoléon Bonaparte qui est recommandé dans ce cours, et cela, même si j'admets qu'il possédait toutes les qualités de base nécessaires pour exercer un grand leadership, excepté une : il lui manquait l'objectif de l'esprit d'entraide envers les autres. Son désir de leadership était basé uniquement sur sa propre gloire. Il était bâti sur son ambition personnelle et non pas sur le désir d'élever le peuple français à un niveau plus grand et plus noble auprès des autres nations.

COMMENTAIRE

Tel que l'indique la première leçon, Napoleon Hill a souvent cité Napoléon Bonaparte parce qu'à l'époque où il composait son œuvre, en 1927, son homonyme était perçu comme un personnage charismatique qui s'était toutefois engagé dans la mauvaise direction. Il restait au monde à faire l'expérience de Hitler et de Staline, sans mentionner tous les autres dictateurs doués de fortes personnalités qui ont fait leur apparition à la fin du vingtième siècle et au début du nouveau millénaire, des leaders qui font l'objet d'un culte, ou des terroristes et des fanatiques qui, impitoyablement, abusent de leur position de pouvoir.

Le genre de leadership qui est recommandé dans ce cours en est un qui conduit à l'autodétermination, à la liberté, au développement personnel, à l'édification et à la justice. C'est le genre qui perdure. Par exemple, et en contraste avec le genre de leadership grâce auquel Napoléon Bonaparte s'éleva lui-même à la domination, considérez Abraham Lincoln, un Président américain près de son peuple. L'objectif de son leadership était d'apporter la vérité, la justice et la compréhension au peuple des États-Unis et, même s'il mourut martyr de sa foi en ce type de leadership, son nom a été gravé dans le cœur du peuple du monde entier à titre de bonté affectueuse envers tous ces gens.

Abraham Lincoln et Napoléon Bonaparte conduisirent des armées à la guerre, mais les buts de leur leadership étaient aussi différents que la nuit l'est du jour. Votre propre habileté à regarder autour de vous et analyser les gens qui prennent le leadership dans toute entreprise est suffisante pour vous aider à choisir entre le leadership de Lincoln ou celui de Bonaparte. Votre propre jugement vous aidera à décider lequel des deux genres de leadership vous choisissez comme modèle.

Il ne peut y avoir de doute dans votre esprit quant au genre de leadership que je recommande. Il ne devrait y avoir également aucun questionnement dans votre esprit quant à celui des deux genres décrits que vous adopterez comme étant vôtre. Je ne fais aucune recommandation sur ce sujet. Cependant, ce cours a été préparé comme une façon de procurer à ses étudiants les principes fondamentaux à partir desquels la puissance est développée, et non comme un sermon sur la conduite morale. Je vous présente à la fois les possibilités constructives et destructives des principes exposés dans ce cours afin que vous puissiez vous familiariser avec les deux. Mais je laisse entièrement à votre discrétion le choix et l'application de ces principes, croyant que votre intelligence vous mènera à faire un choix judicieux.

LE PRIX DU LEADERSHIP

(avec la coopération de Cadillac Motor Car Co.)

Dans chaque aspect d'entreprise humaine, l'innovateur doit vivre constamment sous les feux de la rampe. Que le leadership soit investi dans une personne ou dans un produit, la rivalité et l'envie sont toujours à l'œuvre.

Dans les domaines de l'art, la littérature, la musique et dans l'industrie, la récompense et la punition sont toujours les mêmes. La récompense est la reconnaissance au sens le plus large de cette réussite; la punition est l'opposition et la détraction.

Quand l'œuvre d'une personne devient une norme pour le monde entier, elle devient également une cible pour les envieux. Si son travail est simplement médiocre, il sera ignoré; s'il réalise un chef-d'œuvre, il sera encensé.

Les jaloux n'émettent pas de commentaires destructeurs à l'égard de l'artiste-peintre qui produit un tableau ordinaire.

Quoi que vous écriviez, peigniez, jouiez, chantiez ou construisiez, personne ne s'efforcera de vous surpasser ou de vous calomnier à moins que votre travail ne soit marqué du sceau de l'excellence.

> Bien longtemps après qu'une grande œuvre ou un bon travail a été fait, ceux qui sont déçus ou envieux continuent à proclamer à grands cris que cela ne peut pas être fait.

Un leader est assailli parce qu'il est un leader et l'effort pour l'égaler est une preuve indéniable de son leadership.

Échouant à égaler ou exceller, le suiveur cherche à déprécier et à détruire, mais n'arrive qu'à confirmer la supériorité de ce qu'il cherche à supplanter. Il n'y a rien de nouveau à cela. Ces mauvais aspects des êtres humains sont aussi vieux que le monde et les passions humaines : l'envie, la peur, la cupidité, l'ambition et le désir de surpasser.

Le pire est que tout cela ne mène à rien.

Pendant longtemps, dans le domaine des arts, de malveillantes petites voix s'élevaient contre le peintre Whistler, et cela, malgré que le monde entier ait reconnu son génie artistique.

Un grand nombre de personnes vénérait la musique du grand compositeur Wagner, pendant qu'un petit groupe de ceux qu'il avait détrônés et écartés argumentait avec colère qu'il n'était tout simplement pas un musicien.

Les petits esprits du peuple protestèrent que l'inventeur Fulton n'arriverait jamais à construire un bateau à vapeur, tandis que les grands de ce monde se regroupèrent sur les rives pour admirer son œuvre.

Les esprits étroits s'écrièrent qu'Henry Ford ne durerait pas une année de plus, mais au-delà de ce baratin absurde, Ford continua à avancer silencieusement et devint l'homme le plus riche et le plus puissant du monde.

Des voix mesquines s'élevèrent à mon égard, bien avant que l'encre ne soit sèche de la première parution du livre *Les Lois du Succès*. Des stylos empoissonnés ont écrit autant contre mes idées qu'à mon égard, dès que la première édition de ce cours fut imprimée.

Mais un leader qui mène vraiment restera toujours un leader!

Les maîtres en poésie, peinture, ébénisterie, chacun leur tour sont attaqués et, malgré tout, obtiennent la reconnaissance à travers les époques. Que ce soit bon ou grand, ils sont reconnus sans égard à la calomnie.

Les mensonges des envieux ne peuvent diminuer ni invalider le talent d'un leader parce que toutes leurs tentatives ne servent qu'à accentuer ses qualités de leadership. Un talent authentique trouve toujours des adeptes inconditionnels.

Les tentatives de destruction d'un vrai leadership sont peine perdue, parce que tout ce qui doit vivre, vit!

LA COOPÉRATION

Nous voilà maintenant prêts à discuter de la troisième étape de la procédure que vous devez suivre dans le développement de l'initiative et du leadership. Cette étape nous amène à réviser le principe de *l'effort organisé,* tel que nous l'avons décrit dans les leçons un et deux.

Vous avez déjà appris et compris que personne ne peut accomplir des résultats à long terme sans l'aide et la coopération des autres. Vous avez appris que lorsque plus de deux personnes s'associent dans un projet quelconque, dans un esprit d'harmonie et de compréhension, chaque personne associée à cette équipe multiplie alors sa propre puissance de réalisation. Nulle part ailleurs ce principe n'est aussi évident que dans une entreprise dans laquelle il y a un travail d'équipe parfait entre l'employeur et les employés. Partout où vous retrouvez un tel esprit d'équipe, vous trouvez en même temps la prospérité et la bienveillance des deux côtés. Sans un travail d'équipe constant, la prospérité en souffre.

On dit que le mot *coopération* est le mot le plus important de la langue. Il joue un rôle important à la maison, dans les relations entre les conjoints, les parents et les enfants. Il joue également un rôle primordial dans les affaires gouvernementales. Ce principe de coopération est si important qu'aucun leader ne peut devenir puissant ou durer longtemps si ce principe n'est pas compris et appliqué dans son leadership.

Le manque de coopération a détruit plus d'entreprises que toutes les autres raisons réunies. Au cours de mes vingt-cinq années d'expérience en affaires, j'ai été témoin de la destruction d'entreprises à cause de mésententes et du manque d'application de ce principe de coopération. Dans la pratique du droit, j'ai observé la destruction de foyers et des cas de divorce interminables dont le résultat provient du manque de coopération entre les conjoints. Dans l'étude de l'histoire des nations, il devient tout à fait évident que le manque d'effort coopératif a été un désastre tout au long des siècles pour la race humaine.

Tournez les pages de ces histoires et étudiez-les. C'est ainsi que vous apprendrez des leçons de coopération qui s'imprimeront de façon indélébile dans votre esprit pour toujours.

Vous payez un prix élevé, et vos enfants et vos petits-enfants vont continuer à payer pour le prix de guerres coûteuses, parce que les nations n'ont pas encore appris qu'une partie du monde ne peut souffrir sans créer de dommages et de douleur au monde entier.

Cette même règle s'applique et comporte un effet significatif dans la conduite des affaires. Quand une industrie se désorganise et tiraille entre des grèves et autres formes de mésentente, employeurs et employés souffrent d'une perte irréparable. Malheureusement, les dommages ne s'arrêtent pas là; cette perte devient un fardeau pour le public et prend la forme de prix majorés et de pénurie des nécessités de la vie. En analyse finale, il devient évident que les démons du gouvernement et de l'industrie ont grandi dans le manque de coopération.

**Le monde est divisé en deux catégories :
Ceux qui agissent et ceux
qui en reçoivent le crédit.
Faites tout votre possible pour
appartenir à la première catégorie.
Il y a beaucoup moins de concurrence.**

*-Dwight Morrow,
Sénateur américain*

COMMENTAIRE

Il fut un temps dans ce pays où les commerces florissaient et de grandes fortunes ont été amassées par leurs propriétaires tandis que les ouvriers qui travaillaient dur ne récoltaient qu'un piètre salaire. Ce n'est donc pas surprenant que les unions de travailleurs se soient multipliées pour représenter ceux qui se trouvaient au bas de l'échelle. Plusieurs décennies d'agitation sociale ont passé alors qu'employeurs et employés combattaient pour bâtir un équilibre répondant aux intérêts des deux parties. Ultimement, la coopération durement gagnée a bénéficié à chacun alors que la demande de nouveaux produits augmentait ainsi que la participation des travailleurs. L'Amérique est devenue la plus grande puissance industrielle, générant ainsi un style de vie enviable aux yeux du monde entier.

Les soi-disant capitaines de l'industrie auraient été réduits à la faillite s'ils n'avaient pas coopéré avec ceux qu'ils employaient. Vous aussi devez apprendre à inspirer la coopération auprès de ceux avec qui vous travaillez. Sans cela, elle vous sera imposée ou vous serez exclus de votre position de direction.

> *Si vous voulez être un vrai leader, vous devrez réaliser que tous ne partageront pas vos ambitions. Certains s'opposeront à vous directement. D'autres se montreront d'accord sur certains points, et d'autres encore diront : « Oui, c'est un but fort louable, mais je m'y prendrais d'une autre façon. »*
>
> *La clé est de trouver les points précis qui font concorder vos intérêts et ceux des autres et de les utiliser comme moyens pour avancer. Il se peut éventuellement que votre route se sépare de celle de certaines personnes ou même de la plupart de vos adeptes. Mais si vous avez été un chef de file efficace, ils suivront leur propre voie avec le sentiment d'avoir bénéficié de leur association avec vous.*

On ne peut pas dire non plus que toutes les calamités du monde sont dues aux affaires du gouvernement et de l'industrie. Voyez le cas des églises et ainsi vous observerez les effets dommageables du manque de coopération. Nous ne citons aucune église en particulier, mais faites l'analyse de n'importe quelle église ou groupe d'églises où le manque d'effort organisé l'emporte et vous constaterez l'évidence de la désintégration qui limite le service que ces églises pourraient rendre.

Ma plainte n'est pas contre le travail que les églises ont accompli, mais pour tout ce qu'elles auraient pu faire grâce à un leadership basé sur le principe d'un l'effort coopératif et coordonné qui aurait davantage fait avancer la civilisation en comparaison de ce qu'elle est aujourd'hui. Ces possibilités ne sont pas énoncées dans un esprit de critique, mais à la seule fin d'illustrer le pouvoir de la coopération et pour souligner ma croyance dans la puissance potentielle de toutes les églises du monde. Grâce à l'influence des églises, les gens se sentent en sécurité lorsqu'ils déambulent sur la rue. Les gens se sauteraient à la gorge comme des loups et la civilisation en serait encore à l'âge préhistorique, sans le rôle qu'elles ont joué. Grâce à l'effort organisé et la coopération, les églises du monde pourraient exercer suffisamment d'influence pour neutraliser toute guerre. Il ne sera donc jamais trop tard pour un tel leadership.

COMMENTAIRE

Depuis la toute première parution du livre Les Lois du Succès, *au cours de la première partie du vingtième siècle, d'importants changements se sont produits dans presque tous les aspects de notre façon de vivre. Et pourtant, aucun de ces changements n'a atténué la pertinence des concepts de base, ni amoindri l'application des conseils pratiques offerts par monsieur Hill. D'ailleurs, il a été dit précédemment que plusieurs de ces changements sont survenus à la suite de l'influence de la philosophie qu'a eue monsieur Hill sur ceux qui sont devenus des chefs de file dans toutes les sphères de la vie américaine.*

Au cours du dernier trimestre du vingtième siècle, on a constaté l'émergence, dans l'industrie de l'édition, de livres et de supports audio qui traitent d'épanouissement personnel, de motivation, de leadership et de style de gestion, tous des facteurs qui témoignent de la puissance des principes énoncés dans Les Lois du Succès. *Plusieurs de ces livres récents sont devenus des bestsellers et vous y retrouvez les idées de Napoleon Hill qui ont été développées, personnalisées et racontées à partir de points de vue différents, qui mettent en lumière encore plus clairement les principes que vous apprenez au fil de ces pages.*

Les éditeurs vous suggèrent d'écouter la bande sonore ou de lire le livre Réfléchissez et devenez riche, du même auteur, lorsque vous aurez terminé la lecture de cette nouvelle édition des Lois du Succès. *Par la suite, lisez ou écoutez les œuvres d'autres auteurs qui ont exploré le même domaine. La liste suivante est un exemple de livres également disponibles sur le marché en format audio. Vous les trouverez particulièrement inspirants :* You can negotiate anything, *de Herb Cohen;* The 7 habits of highly effective people, *de Stephen Covey;* Feel the fear and do it anyway, *de Susan Jeffers;* In search of excellence, *de Tom Peters;* Awaken the giant within, *d'Anthony Robbins, et la collection entière d'audios de* Power Talk!, *d'Anthony Robbins;* Wishcraft, *de Barbara Sher;* Do what you love, the money will follow, *de Marsha Sinetar;* Sell your way to the top, *de Zig Ziglar.*

**Commencez maintenant, non pas demain,
ni la semaine prochaine,
mais aujourd'hui même à saisir le moment
présent pour que compte cette journée.**

Rappelez-vous :

**Hier n'est plus et
demain peut ne jamais se présenter.**

-Ellen Kreidman

LE CARACTÈRE D'UN GRAND LEADER

Pendant la Première Guerre mondiale, j'eus l'occasion exceptionnelle d'entendre l'analyse d'un grand soldat qui décrivait en même temps la façon d'être un *leader*. Cette description fut donnée par le major C.A. Bach aux élèves-officiers du second camp d'entraînement de Fort Sheridan. Bach était un paisible officier de l'armée qui assumait les fonctions d'instructeur. J'ai conservé une copie de cette allocution croyant que c'est l'une des leçons les plus perspicaces jamais enregistrées sur le leadership.

La sagesse de l'allocution du major Bach est fondamentale tant à l'homme d'affaires qui aspire au *leadership* qu'aux patrons, secrétaires, contremaîtres ou surveillants des travaux, si bien que je l'ai sauvegardée afin de l'intégrer à ce cours. Je souhaite sincèrement que cette dissertation remarquable sur le leadership se rende jusque dans les mains de tous les employeurs, travailleurs et personnes ambitieuses qui aspirent au *leadership* dans quelque domaine que ce soit. Les principes de cette allocution et sont aussi applicables au *leadership* du monde des affaires, de l'industrie et de la finance, qu'ils le sont dans l'organisation réussie de la guerre. Le major Bach s'exprima ainsi :

« Dans peu de temps, chacun de vous contrôlera la vie d'un certain nombre d'autres hommes. Vous serez en charge de citoyens loyaux, mais qui n'ont pas reçu d'entraînement; ils s'appuieront sur vous pour obtenir les instructions et les conseils. Votre parole sera leur loi. Ils se souviendront de la moindre remarque que vous ferez. Votre comportement dans sa totalité leur servira de modèle.

Ils s'inspireront de votre habillement, comportement, vocabulaire, façon de commander.

Quand vous rejoignez votre bataillon, vous retrouvez un groupe de personnes de bonne volonté qui exigent de vous les qualités qui commandent leur respect, leur loyauté et leur obéissance.

Ils sont parfaitement prêts et ils brûlent du désir de vous suivre aussi longtemps que vous pouvez les convaincre que vous possédez ces qualités. Quand vient le moment où ils sont convaincus que vous ne les possédez plus, il est alors temps pour vous de partir. Votre utilité dans cette organisation a alors pris fin.

Il s'agit là d'une remarquable vérité en relation avec toute forme de leadership.

Du point de vue social, le monde peut être divisé en meneurs et en suiveurs. Toutes les professions ont leurs leaders. Dans tout ce leadership, il est difficile même impossible, de séparer les éléments du vrai leadership, l'élément égoïste de gain ou d'intérêt personnel, sans lequel tout leadership perdrait sa valeur.

C'est seulement dans le service militaire qu'on retrouve des hommes prêts à sacrifier librement leur vie pour leurs croyances, où des hommes sont prêts à souffrir et mourir pour conserver leurs droits ou éviter l'injustice, qu'il est possible de réaliser un leadership dans son sens le plus exaltant et le plus désintéressé. Donc, quand je dis *leadership,* je veux dire *leadership militaire.*

Dans quelques jours, la plupart parmi vous seront nommés officiers. Ces nominations ne feront pas de vous des leaders; elles feront de vous seulement des officiers. Elles vous placeront en position de leadership, si vous possédez les attributs nécessaires. Mais votre réussite doit surtout être avec vos subalternes, bien plus qu'avec vos supérieurs.

La plupart des hommes doivent suivre et suivront dans la bataille des officiers qui ne sont pas des leaders, car la puissance d'action derrière ces hommes n'est pas l'enthousiasme, mais la discipline. Ils avancent dans le doute et la peur qui suscitent une question inexprimée : "Que fera-t-il ensuite ?"

De tels hommes obéissent aux ordres à la lettre, mais sans plus. De la dévotion envers leur commandant, de l'enthousiasme exalté qui dédaigne le risque personnel, du *sacrifice de soi* pour assurer sa sécurité, ils n'en connaissent absolument rien. Leurs jambes les portent à avancer parce que leur cerveau et leur entraînement suggèrent que c'est ce qu'ils doivent faire. Leur esprit ne les suit pas.

Les grands résultats ne sont pas atteints par des soldats froids, passifs, irresponsables. Ces derniers ne vont pas très loin et s'arrêtent dès que possible. Le leadership ne demande pas seulement, mais reçoit l'obéissance volontaire, spontanée, infatigable et loyale des autres hommes et une dévotion qui les fera suivre leur "roi non couronné" en enfer, aller-retour si cela était nécessaire.

Vous vous demanderez : en quoi consiste donc le leadership? Que dois-je faire pour devenir un leader? Quels sont les attributs du leadership et comment les développer?

Le leadership est un amalgame de nombreuses qualités. (Exactement comme le succès est une fusion d'éléments à partir desquels ce cours sur les lois du succès fut créé.) Parmi les plus importantes qualités, je citerais la confiance en soi, l'ascendance morale, l'esprit de sacrifice, le paternalisme, l'impartialité, l'initiative, la décision, la dignité et le courage.

La confiance en soi est le résultat en premier d'une connaissance précise; en deuxième lieu, l'habileté à partager cette connaissance; et en troisième lieu, le sentiment de supériorité sur les autres qui suit de façon naturelle. La confiance en soi procure de l'assurance à l'officier. Pour être leader, vous devez *savoir!* Vous pouvez épater vos hommes pendant un certain temps, mais vous ne pouvez le faire tout le temps. Les hommes n'auront pas confiance en un officier à moins qu'il démontre une exacte connaissance de son métier et il doit le connaître à fond.

L'officier devrait en connaître plus sur la bureaucratie que son sergent principal et le commis de l'infanterie réunis; il devrait également en connaître davantage à propos du gaspillage que le sergent en charge du réfectoire. Il devrait être au moins aussi bon franc-tireur que n'importe quel homme de sa compagnie.

Si l'officier ne sait pas et démontre qu'il ne sait pas, il est tout à fait humain pour le soldat de se dire : « Qu'il aille au diable, j'en connais davantage que lui », et de façon nonchalante, il ne tiendra pas compte des instructions reçues.

Rien ne peut substituer la connaissance parfaite!

Devenez si bien informé que vos hommes vous suivront à la trace pour vous poser des questions. Vos camarades officiers se passeront le mot : « Demande à X : il le sait, lui. »

En plus de parfaitement connaître les responsabilités reliées à son propre grade, il devrait étudier les postes de deux grades supérieurs au sien. Donc, il en résulte un double bénéfice. Il se prépare ainsi à faire face à des obligations qui peuvent lui incomber n'importe quand durant un combat; en même temps, il élargit son point de vue ce qui lui permet alors de reconnaître la nécessité de donner des ordres et de s'assurer qu'ils soient exécutés de manière plus intelligente.

Non seulement l'officier doit-il connaître son sujet à fond, mais il doit être capable d'exprimer ses connaissances dans une forme grammaticale intéressante et puissante. Il doit apprendre à se tenir droit et parler sans aucun embarras.

On m'a dit que dans les camps d'entraînement britanniques, on demandait aux élèves-officiers d'adresser une allocution de dix minutes sur le sujet de leur choix. Si vous exécutez un mouvement nerveux, ou un tremblement de mains, ou un changement d'expression, ou un ordre expéditif et immédiatement annulé, vous indiquez alors votre état mental qui se reflètera chez vos hommes, à une plus grande échelle.

Alors que la confiance en soi est le résultat d'en savoir davantage que vos hommes, l'ascendant moral sur eux est basé sur votre croyance d'être le meilleur homme. Pour accroître et maintenir cette ascendance, vous devez être en parfait contrôle de vous-même, posséder l'énergie physique, l'endurance et la force morale. Vous devez avoir un tel contrôle de vous-même que, même s'il vous arrivait de paniquer dans une bataille, vous ne permettriez jamais qu'on perçoive votre peur. Si par un mouvement nerveux ou un tremblement de mains ou un changement d'expression ou un ordre expéditif et immédiatement annulé, vous indiquez alors votre état mental, et il se reflétera chez vos hommes à une plus grande échelle.

En garnison ou dans un camp, plusieurs occasions mettront votre caractère à l'épreuve et détruiront votre gentillesse naturelle. Si, dans de tels moments, vous lancez la serviette, vous n'êtes alors aucunement en mesure d'être en charge d'hommes. Les hommes en colère disent et font des choses qu'ils regrettent la plupart du temps après coup.

Un officier ne devrait jamais devoir ou être obligé de s'excuser auprès de ses hommes; aussi, un officier ne devrait jamais être coupable d'un acte pour lequel son sens de la justice lui dit qu'il devrait s'excuser.

Un autre élément pour augmenter votre ascendant moral demeure dans la possession de suffisamment de vitalité et d'endurance physique pour résister aux mauvais coups du sort auxquels vous et vos hommes pouvez être exposés et aussi un esprit inébranlable qui vous permet non seulement de les accepter joyeusement, mais de minimiser leur importance.

Diminuez l'intensité de vos problèmes, dépréciez vos épreuves et vous contribuerez ainsi à bâtir, à l'intérieur des troupes, un esprit dont la valeur, en temps de stress, sera incalculable.

La force morale est le troisième élément dans la progression de l'ascendance morale. Pour exercer une force morale, il faut avoir la conscience tranquille; vous devez avoir une puissance spirituelle suffisante pour percevoir le bien et la volonté de l'appliquer correctement.

Soyez un exemple pour vos hommes!

Un officier peut être autant une puissance pour le bien que pour le mal. Ne leur faites pas la morale; ce serait tout à fait inutile. Vivez un mode de vie que vous aimeriez les voir mener et vous serez surpris de constater tous ceux qui vous imiteront.

Une grande gueule, un capitaine ignorant, qui néglige son apparence personnelle, aura une compagnie à son image. *Souvenez-vous de ce que je vous dis. Votre escadron sera le reflet de ce que vous êtes!* Si vous avez une mauvaise troupe, ce sera parce que vous êtes un capitaine pourri.

L'*esprit de sacrifice* est essentiel au leadership. Vous donnerez, donnerez tout le temps. Vous donnerez de vous-même physiquement, car les heures les plus longues, le travail le plus ardu et les responsabilités les plus grandes sont le sort du capitaine. Il est debout le matin avant tous les autres et le dernier à fermer la lumière. Il travaille pendant que les autres dorment.

Vous donnerez de vous-même mentalement, par pure sympathie et estime pour les hommes sous votre charge qui vivent des difficultés. La mère de l'un d'eux est morte et un autre a perdu toutes ses économies dans de mauvais placements. Ils peuvent désirer de l'aide, mais plus que n'importe quoi d'autre, ils désirent de la *sympathie.* Ne faites surtout pas l'erreur de refuser votre soutien sous le prétexte que vous aussi avez vos propres problèmes, car chaque fois que vous faites cela, vous retirez une pierre de la fondation de votre maison. Vos hommes sont votre fondation et le toit de votre leadership s'écroulera à moins qu'il ne repose en toute sécurité sur eux.

Finalement, vous donnerez de vos maigres revenus financiers. Vous dépenserez fréquemment votre propre argent pour préserver la santé et le bien-être de vos hommes ou pour les aider quand ils ont des soucis. De façon générale, cet argent vous sera remis; par contre, fréquemment, vous devrez le porter au compte de vos pertes.

Ne doutez jamais que cela en vaille le coup!

Quand je dis que le paternalisme est essentiel au leadership, j'utilise le terme dans son meilleur sens. Je ne me réfère pas à cette forme de paternalisme qui dérobe l'initiative, la confiance et le respect. Je me réfère au paternalisme qui se manifeste envers un soin attentif au confort et au bien-être de ceux qui sont à votre charge.

Les soldats sont tout comme des enfants. Vous devez voir à ce qu'ils aient un abri, de la nourriture et des vêtements, les meilleurs que vos plus grands efforts peuvent leur procurer. Vous devez voir à ce qu'ils aient de la nourriture à se mettre sous la dent avant de penser à la vôtre; vous devez vous assurer que chacun ait le meilleur lit que vous puissiez lui fournir; tout cela avant même d'envisager s'il y a de la nourriture et un lit pour vous.

Vous devez être plus soucieux de leur confort que du vôtre. Leur santé doit aussi être votre préoccupation. Vous devez préserver leur force physique en ne leur demandant pas d'effort surhumain ni de travail inutile.

En faisant toutes ces choses, vous insufflez la vie dans ce qui serait autrement qu'une simple machine. Vous créez une âme dans votre organisation qui fera que l'escadron vous répondra comme un seul homme. Et c'est ce qu'est l'esprit d'un groupe.

Et quand cet esprit est celui de votre organisation, vous vous réveillez un matin et découvrez que les rôles se sont inversés; au lieu d'avoir constamment à les surveiller, sans la moindre demande de votre part, ils poursuivent les tâches pour vous. Vous constaterez que quelqu'un a pris soin des détails tels que voir à ce que votre tente, si vous en avez une, soit dressée, que vous ayez la literie la plus belle et la plus propre; que d'une quelconque source mystérieuse, deux œufs ont été ajoutés à votre souper quand personne d'autre n'en a; qu'un volontaire soigne votre cheval; que vos désirs sont exaucés; que chaque homme est toujours sur un pied d'alerte. Et alors, vous avez *réussi!*

Vous ne pouvez traiter tous les hommes de la même façon! Une punition qu'un homme oublierait d'un haussement d'épaules pourrait être une angoisse mentale pour un autre. Pour une offense particulière, un commandant de compagnie qui donne la même punition à tous est soit trop inconséquent ou trop stupide pour étudier la personnalité de ses hommes. Dans son cas, la justice est certainement aveugle.

Étudiez vos hommes aussi soigneusement qu'un chirurgien étudie un cas difficile. Et quand vous êtes sûr de votre diagnostic, appliquez le remède. Rappelez-vous que vous appliquez le remède pour effectuer une cure, non seulement pour voir la victime être mal à l'aise. Il peut être nécessaire de couper profondément, mais quand vous êtes satisfait de votre diagnostic, ne vous laissez pas dévier de votre objectif par une fausse compassion pour le patient.

Que ce soit pour une punition ou une récompense, l'impartialité marche main dans la main avec la justice. Quand l'un de vos hommes a accompli un travail bien fait, voyez à ce qu'il obtienne une récompense adéquate. *Remuez ciel et terre pour*

Aucune personne qui a du jugement n'en jugera une autre par ce que ses ennemis colportent à son sujet.

lui obtenir cette reconnaissance. N'essayez pas de lui enlever et de la garder pour vous-même. Vous pourriez faire cela et vous en tirer, mais vous perdrez le respect et la loyauté de vos hommes. Tôt ou tard, les autres officiers en entendront parler et vous fuiront comme la peste. En temps de guerre, il y a assez de gloire pour tous. Assurez-vous de reconnaître votre subalterne. L'homme qui prend toujours et ne donne jamais n'est pas un leader. Il est un parasite.

Il existe une autre sorte d'impartialité qui empêche un officier d'abuser des privilèges de son rang. Quand vous réclamez le respect des soldats, soyez sûr de les traiter avec un respect égal. Développez leur virilité et le respect d'eux-mêmes. N'essayez pas de les diminuer. Pour un officier, le fait d'être dominateur et insultant dans la façon de traiter de simples soldats consiste en un acte de lâcheté. Il attache un homme à un arbre avec les cordes de la discipline et, ensuite, le frappe en plein visage, sachant bien que l'homme est incapable de lui remettre le coup.

Considération, courtoisie et respect de la part des officiers envers les simples soldats ne sont pas incompatibles avec la discipline. Ils en sont une partie intégrante. Sans initiative et décision, aucun homme ne peut s'attendre à mener.

Dans les manœuvres, lorsqu'une urgence survient, vous verrez certains hommes calmement donner des ordres dans l'instant même, des ordres qui, après analyse prouvent plus tard être, exactement avoir été la bonne chose à faire ou proche de ce qui devait être fait. Vous verrez d'autres hommes, dans une circonstance identique, paniquer gravement; leur cerveau refuse de travailler ou ils donnent un ordre hâtif pour ensuite l'annuler; en donnent un autre pour l'annuler de nouveau; bref, ils démontrent tous les signes d'une panique totale.

En analysant le premier homme, vous pouvez dire : « Il est un génie. Cet homme n'a pas eu le temps de réfléchir. Il a agi intuitivement. » Oubliez ça! Le génie est simplement la capacité de se donner beaucoup de mal. Celui qui est prêt est celui qui s'est préparé. Il a étudié à l'avance toutes les situations probables qui peuvent arriver; il a tiré des plans momentanés couvrant de telles situations. Quand il doit affronter une urgence, il est prêt à y faire face. Il doit avoir une vivacité mentale suffisante pour évaluer le problème auquel il doit faire face et le pouvoir de raisonner rapidement pour déterminer quels changements sont nécessaires dans son plan déjà imaginé. Il doit prendre la décision pour ordonner l'exécution et s'en tenir à ses ordres.

Tout ordre raisonnable dans une situation d'urgence est meilleur que de ne pas en donner du tout. La situation est là. Affrontez-la. Il est préférable de faire quelque chose, parfois la mauvaise chose, que d'hésiter recherchant la bonne chose à faire, que de ne rien faire du tout. Et, ayant décidé d'une ligne de conduite, demeurez ferme. N'hésitez pas. Personne n'a confiance en un officier hésitant.

Occasionnellement, vous serez appelé à rencontrer une situation qu'aucun être humain raisonnable ne pourrait prévoir. Si vous vous êtes préparé à faire face à d'autres situations d'urgence que vous pourriez anticiper, l'entraînement mental que vous aurez alors acquis vous permettra d'agir avec promptitude et calme.

Vous devez agir fréquemment sans recevoir d'ordres d'une plus haute autorité. Le temps ne vous permettra pas de les attendre. Ici encore, étudier le travail de vos supérieurs est très évident. Si vous maîtrisez l'ensemble de la situation et que vous pouvez vous former une idée du plan général de vos supérieurs, cette aptitude et votre entraînement d'urgence précédent vous aideront à déterminer si la responsabilité vous appartient et vous pourrez ainsi donner les ordres nécessaires, sans délai.

L'élément de dignité personnelle est important dans le leadership militaire. Soyez l'ami de vos hommes, mais ne devenez pas intimes. Vos hommes doivent vous admirer et non avoir peur de vous! Si vos hommes se permettent une certaine familiarité, c'est alors votre faute et non la leur. Vos actions les ont encouragés à le faire. Et, plus que tout, ne vous abaissez pas à solliciter leur amitié ou ne faites pas de tentative pour obtenir des faveurs de leur part. Vous n'en récolteriez que mépris. Si vous méritez leur loyauté, leur respect et leur dévouement, ils vous les donneront sûrement sans le demander. Si vous n'en êtes pas digne, rien ne pourra les gagner à votre cause.

Il est excessivement difficile pour un officier d'être digne s'il porte un uniforme sale, taché et une barbe de trois jours. Un tel homme manque de respect de soi, un élément essentiel à la dignité.

Il se peut qu'il y ait des occasions où votre travail exige des vêtements sales et un visage non rasé. Vos hommes auront tous alors la même allure. En de tels moments, il est justifié d'avoir une telle apparence. Ce serait alors une erreur de paraître trop propre; ils seraient en mesure de penser que vous n'avez pas fait votre part. Aussitôt que cette occasion inhabituelle est passée, devenez un exemple quant à votre entretien personnel.

Parlons maintenant de courage. Le courage moral vous est aussi nécessaire que le mental, cette sorte de courage moral vous permettra d'adhérer, sans aucune hésitation, à une méthode déterminée d'action que votre jugement vous a indiquée et qui est le moyen le mieux adapté pour sécuriser les résultats convoités.

À plusieurs occasions, surtout dans l'action, vous trouverez qu'après avoir donné vos ordres pour accomplir une certaine chose, vous serez assailli d'appréhensions et de doutes; vous verrez ou penserez voir d'autres moyens meilleurs pour atteindre le but. Il se pourrait que vous soyez fortement tenté de changer vos ordres. N'en faites rien à moins qu'il ne soit clairement manifesté que vos premiers ordres étaient totalement inadéquats. Si vous le faites, des doutes vous assailliront quant à l'efficacité de vos seconds ordres.

Chaque fois que vous changez vos ordres, sans raison évidente, vous affaiblissez votre autorité ainsi que la confiance de vos hommes. Ayez le courage moral de maintenir votre décision et voir jusqu'où elle se rendra.

De plus, le courage moral demande d'assumer la responsabilité de vos propres actions. Si vos subalternes ont loyalement exécuté vos ordres et que la manœuvre que vous avez dirigée est un échec, cet échec est vôtre, non le leur. Vous auriez été honoré par la réussite alors, acceptez le blâme, si les résultats sont désastreux. N'essayez pas de le transférer à un subalterne pour faire de lui un bouc émissaire. Ce serait une lâcheté de votre part.

En outre, vous aurez besoin de courage moral pour déterminer du sort de ceux qui sont sous vos ordres. On se référera souvent à vous pour recommander des promotions ou rétrogradations d'officiers et de sous-officiers sous votre gouverne.

Gardez clairement à l'esprit votre intégrité personnelle et le devoir que vous devez à votre pays. Ne vous laissez pas détourner d'un sens strict de justice par des sentiments d'amitié personnelle. Si votre propre frère est votre sous-lieutenant et que vous le trouvez incompétent, changez-le de poste. En ne le faisant pas, le résultat de votre manque de courage moral peut signifier la perte de vies précieuses. Si, d'un autre côté, vous êtes appelé à faire une recommandation concernant un homme que, pour des raisons personnelles, vous détestez, soyez quand même juste à son égard. Souvenez-vous que votre objectif est le bien général, non la satisfaction d'une rancune personnelle.

Je tiens pour acquis que vous avez du courage physique. Je n'ai pas besoin de vous confirmer sa nécessité. Le courage, c'est plus que de la bravoure. La bravoure, c'est l'intrépidité, l'absence de peur. Le pire des idiots peut être brave, parce qu'il lui manque l'état d'esprit pour évaluer le danger; il n'est pas assez conséquent pour avoir peur.

Le courage, toutefois, est cette fermeté d'esprit, ce cran qui, bien que se rendant clairement compte du danger, il continue quand même sa mission. La bravoure est physique, tandis que le courage est mental et moral. Vous pouvez être transi de froid; vos mains peuvent trembler; vos jambes peuvent vaciller; vos genoux peuvent être sur le point de vous trahir, c'est ce qu'est la peur. Néanmoins, si vous continuez, si malgré cette défection physique, vous continuez à conduire vos hommes contre l'ennemi, vous êtes courageux. Les manifestations physiques de la peur s'évanouiront. Vous en ferez l'expérience qu'une seule fois. Elles sont l'équivalent de l'adrénaline qu'éprouve le chasseur qui essaie d'abattre son premier chevreuil. Vous ne devez pas les écouter.

Il y a plusieurs années, au moment où je suivais un cours de démolition, la classe dans laquelle j'étais, maniait de la dynamite. Au sujet de la manipulation, l'instructeur nous avertit d'être très prudents, car un homme ne peut avoir qu'un seul accident. Moi aussi, je tiens à vous prévenir : si vous cédez à la peur qui, sans doute, vous accablera dans votre première mission, si vous hissez le drapeau blanc, si vous laissez vos hommes aller de l'avant pendant que vous cherchez un abri, vous n'aurez plus jamais l'occasion de mener des hommes.

Utilisez votre jugement lorsque vous intimerez à vos hommes de démontrer du courage et de la bravoure. *Ne demandez pas à quiconque d'aller là où vous n'iriez pas vous-même. Si* votre sens pratique vous dit que l'endroit est trop dangereux pour vous y aventurer, il est alors trop dangereux pour eux aussi. Vous savez que leur vie est aussi précieuse pour eux que la vôtre l'est pour vous.

Occasionnellement, certains de vos hommes devront être exposés à un danger que vous ne pouvez pas partager. Un message doit être porté à travers une zone de feu. Vous faites appel à des volontaires. Si vos hommes vous connaissent et savent que vous êtes juste, il ne vous manquera jamais de volontaires, parce qu'ils savent que votre cœur est entièrement investi dans votre travail, que vous donnez à votre pays le meilleur de vous-même, que vous porteriez volontiers vous-même le message, si vous le pouviez. Votre exemple et votre enthousiasme leur auront servi d'inspiration.

En dernier lieu, si vous aspirez au leadership, je vous encourage à étudier les hommes. Entrez sous leur peau et découvrez de quoi ils sont faits. Certains hommes sont différents de ce que l'on perçoit d'eux. Déterminez de quelle façon fonctionne leur esprit.

En tant que leader, la plus grande partie du succès du général Robert E. Lee peut être attribuée à son talent de *psychologue*. Il connaissait la plupart de ses adversaires depuis son séjour à West Point; il connaissait le fonctionnement de leur esprit et il savait de quelle façon ils réagiraient dans certaines circonstances. Dans presque chaque cas, il était expert à anticiper leurs agissements et bloquer l'exécution.

Il vous est impossible de connaître votre opposant dans une guerre de la même façon que le général Lee, mais vous connaissez les hommes de votre division. Vous pouvez étudier chacun afin de déterminer leurs forces et leurs faiblesses, à quel homme vous pouvez vous fier jusqu'au dernier souffle et celui sur lequel il vous est impossible de compter. »

Connaissez vos hommes, connaissez votre métier, connaissez-vous vous-même! »

Quelque chose ne fonctionne pas bien chez l'homme

qui n'est pas accueilli affectueusement

par sa conjointe et ses enfants

lors de son retour au foyer.

Dans toute la littérature, vous ne trouverez pas de meilleure description du *leadership* que celle-ci. Appliquez-la à vous-même, à votre profession ou à l'endroit où vous travaillez et vous constaterez à quel point elle vous servira de guide.

Une copie de l'allocution du major Bach devrait être donnée à chaque garçon et fille qui reçoit un diplôme des études secondaires. Elle pourrait aussi être remise à chaque diplômé d'études collégiales. Elle pourrait devenir le livre du code de conduite pour chaque personne qui est placée en position de leadership, peu importe l'affectation.

PRENDRE DES DÉCISIONS AUDACIEUSES RAPIDEMENT

Dans la leçon deux, vous avez appris la valeur d'un but clairement défini. J'aimerais mettre l'emphase qu'il ne sera jamais rien d'autre qu'un simple désir à moins que vous ne deveniez une personne d'initiative et que vous poursuiviez ce but avec ardeur et persévérance jusqu'à ce qu'il soit accompli. Votre but doit être actif et non passif.

Vous n'irez nulle part sans persévérance. Il s'agit d'une vérité qui ne sera jamais trop répétée.

La différence entre avoir de la persévérance et en manquer est la même que celle de désirer quelque chose et la détermination positive de l'obtenir.

Pour devenir une personne d'initiative, vous devez former l'habitude de poursuivre avec *ardeur et persévérance* l'objectif de votre but clairement défini jusqu'à ce que vous l'ayez atteint, que cela requière un an ou vingt ans. Ne pas avoir de but clairement défini est l'équivalent d'en avoir un sans s'investir dans des *efforts continus* pour le réaliser.

Vous ne tirerez pas le meilleur de ce cours sur les lois du succès si, chaque jour, vous ne posez quelque action qui vous rapproche de la réalisation de votre *but clairement défini*. Ne vous leurrez pas en vous faisant accroire que l'objectif de votre *but clairement défini* se matérialisera si vous ne faites qu'attendre. Sa réalisation arrivera seulement par votre propre détermination, renforcée par vos plans élaborés méticuleusement et votre initiative à mettre ces plans en action, sans cela rien du tout ne s'accomplira.

L'une des principales exigences du leadership, c'est la puissance d'une *décision* rapide et ferme!

L'analyse de plus de 16 000 personnes révèle le fait que les leaders prennent toujours une décision rapidement, même dans des projets de moindre importance, alors que le suiveur ne prend *jamais* de décision rapide.

Cette analyse vaut la peine de s'en souvenir!

Le suiveur, quel que soit le milieu où vous le trouvez, est celui qui sait rarement ce qu'il veut. Le suiveur est indécis, procrastine et refuse réellement d'en arriver à une décision, même dans des essais de moindre importance, sauf si un leader l'incite à le faire.

De savoir que la majorité des gens ne veulent pas et ne peuvent prendre de décision rapidement, est d'une grande aide pour le leader qui sait ce qu'il veut et possède un plan clairement défini pour l'obtenir.

Il serait bon alors d'observer à quel point les deux lois enseignées dans les leçons précédentes sont apparentées. Non seulement le leader travaille-t-il ayant en tête un *but clairement défini*, mais il a en plus un plan bien précis pour atteindre ce but. On constatera que la confiance en soi devient une partie importante du coffre aux trésors d'un leader.

La raison principale pour laquelle le suiveur n'arrive pas à prendre de décisions, c'est qu'il manque de confiance. Chaque leader utilise la loi d'un but clairement défini, de la loi de la confiance en soi, de la loi de l'initiative et de celle du leadership. Un meneur hors du commun se sert aussi des lois de l'imagination, de l'enthousiasme, de la maîtrise de soi, d'une personnalité agréable, de la pensée juste, de la concentration et de la tolérance. Sans l'usage combiné de toutes ces lois, personne ne peut devenir réellement un grand leader. L'omission d'une seule de ces lois diminue proportionnellement la puissance du leader.

Un représentant contacta un courtier en valeurs immobilières d'une petite ville de l'Ouest américain dans le but de lui vendre un cours sur l'art de la vente et la gestion d'entreprise.

Lorsque ce représentant arriva à son bureau, il le trouva occupé à taper une lettre avec seulement deux doigts sur une machine à écrire désuète. Le représentant lui remit sa carte de visite en lui exposant son activité et fit la description du cours qu'il était venu lui vendre.

Le courtier écouta avec un intérêt évident. Après que la présentation du représentant fut terminée, il hésita, attendant un signe affirmatif ou négatif de la part du client. Pensant que sa présentation n'avait pas été suffisamment convaincante, il revint à nouveau brièvement sur les mérites du cours qu'il vendait. Il ne reçut encore une fois aucune réaction.

Le représentant posa alors une question directe : « Vous voulez ce cours, n'est-ce pas? »

À voix basse et sur un ton lent, le courtier répondit : « Je ne sais pas si je le veux ou pas. »

Il disait sans doute la vérité, car il faisait partie des millions de personnes qui trouvent difficile de prendre une décision.

Étant expert en relations humaines, le représentant se leva, mit son chapeau, remit sa documentation dans sa mallette d'affaires et se prépara à quitter les lieux. Mais, avant de partir définitivement, il utilisa une tactique qui prit le courtier par surprise lorsqu'il entendit la déclaration suivante :

« Permettez-moi de vous dire quelque chose que vous n'aimerez probablement pas, mais qui pourra sûrement vous aider.

« Regardez autour de vous et voyez ce bureau dans lequel vous travaillez! Tout est sale : le plancher, les murs, le dactylographe que vous utilisez a l'air d'une antiquité qui provient de l'arche de Noé; les genoux de votre pantalon sont déformés, votre collet de chemise est sale, votre visage n'est pas fraîchement rasé et votre regard me dit que vous êtes malheureux.

« S'il vous plaît, allez-y et faites une sainte colère; c'est ce dont je m'attends de vous, parce que cela pourrait vous ébranler au point de vous faire penser à quelque chose qui pourrait vous aider, vous et vos proches.

« Je peux facilement imaginer la maison dans laquelle vous vivez. Plusieurs jeunes enfants mal habillés et probablement affamés; une mère portant une robe démodée, dont les yeux reflètent le même regard de défaite que le vôtre. Cette femme que vous avez épousée vous est restée fidèle, mais vous n'avez pas répondu à ses attentes, comme elle l'espérait lors de votre mariage.

« Je vous en prie, rappelez-vous que je ne suis pas en train de parler à un client potentiel, car je ne vous vendrai pas ce cours maintenant, même si vous m'offriez de payer comptant à l'avance, parce que si je le faisais, vous ne prendriez pas l'initiative de le compléter et nous ne souhaitons pas voir de perdants dans notre groupe d'étudiants.

« Ce que je viens de vous dire m'empêchera probablement de vous vendre quoi que ce soit, mais cela fera pour vous quelque chose qui n'a jamais été fait auparavant, vous faire réfléchir.

« Je vais vous dire en peu de mots la raison exacte de votre défaite; pourquoi vous dactylographiez vos lettres sur un appareil obsolète, dans un bureau complètement défraîchi, dans une petite ville : *c'est parce que vous ne possédez pas la force de prendre une décision!*

« Durant toute votre vie, vous avez pris l'habitude d'éviter la responsabilité de prendre des décisions, jusqu'à ce que vous en soyez rendu là où il vous est presque impossible de le faire.

« Si vous m'aviez dit que vous désiriez le cours ou que vous ne le vouliez pas, j'aurais pu sympathiser avec vous, parce que j'aurais su que le manque d'argent était ce qui causait votre hésitation. Mais qu'avez-vous dit? Vous avez tout simplement émis le commentaire à l'effet que vous ne saviez pas si vous le vouliez ou pas.

« Si vous voulez réfléchir à ce que je vous ai dit, je suis sûr que vous reconnaîtrez que c'est devenu une habitude pour vous d'échapper à votre responsabilité de prendre des décisions claires et nettes sur pratiquement tous les sujets qui vous concernent. »

Le courtier était rivé à son siège, la bouche ouverte, les yeux écarquillés d'étonnement, mais ne fit aucun effort pour réagir à ce cinglant acte d'accusation.

Le représentant le salua et se dirigea vers la porte.

Après avoir refermé la porte derrière lui, il revint sur ses pas et l'ouvrit. Souriant, il s'assit en face du courtier encore sous le choc et se mit à expliquer sa conduite :

« Je ne vous blâmerais pas du tout si vous étiez blessé par mes remarques. Mais, en réalité, je préférerais que vous en soyez choqué. Maintenant, permettez-moi de vous dire ceci : je pense que vous avez l'intelligence nécessaire et je suis convaincu que vous avez l'habileté, mais vous êtes tombé dans une habitude défaitiste utilisée par tous les perdants de ce monde. Personne n'est jamais acculé au mur et défait avant de manger les pissenlits par la racine. Il est possible que vous puissiez être temporairement vaincu, mais vous pouvez encore vous relever et justement je suis assez bon joueur pour vous donner la main et vous encourager à vous relever, si vous voulez accepter mes excuses pour tout ce que je vous ai dit.

« Comme vous n'appartenez pas à cette petite ville, vous allez mourir de faim dans votre agence immobilière, et cela, même si vous étiez un leader dans votre domaine. Achetez-vous un nouveau complet, et cela, même si vous deviez emprunter l'argent pour vous le procurer; venez ensuite à Saint-Louis avec moi et je vous présenterai à un courtier en immobilier qui vous offrira la possibilité de gagner un peu d'argent et, en même temps, il vous apprendra certaines choses importantes sur ce métier dont vous pourrez tirer profit à courte échéance.

« Si vous n'avez pas assez d'argent pour acheter les vêtements nécessaires, je vous amènerai dans une mercerie de Saint-Louis où j'ai un compte ouvert. Je parle sincèrement; mon offre de vous aider est basée sur le meilleur motif qui puisse inciter un être humain à agir. Je réussis dans mon domaine, mais il n'en a pas toujours été ainsi. Je suis déjà passé à travers ce que vous vivez maintenant, mais la chose importante est que je m'en sois sorti, exactement comme vous allez le faire si vous acceptez de suivre mon conseil. M'accompagnerez-vous? »

Le courtier commença à se lever, mais ses jambes vacillèrent au point où il retomba sur son siège. Bien qu'il fût un homme corpulent, ses émotions prirent le dessus et il se mit à pleurer.

Il fit une seconde tentative et se releva, lui donna une solide poignée de mains, le remercia de sa gentillesse et lui dit qu'il allait suivre son conseil, mais qu'il le ferait à sa façon.

Demandant un formulaire d'inscription pour le cours sur la vente et la gestion d'entreprise, il le signa, fit le premier paiement avec des pièces de monnaie, puis dit au vendeur qu'il n'avait pas dit son dernier mot et qu'il allait entendre parler de lui.

À peine trois ans plus tard, ce courtier avait bâti une organisation de soixante vendeurs et était l'une des entreprises immobilières parmi les plus florissantes de la ville de Saint-Louis. À cette époque, au moment où cet incident s'est produit, j'étais directeur de la publicité de l'Université LaSalle. Je suis allé plusieurs fois dans le bureau de ce courtier et l'ai suivi durant une période de plus de quinze ans. Il est totalement différent de l'homme rencontré à l'époque où j'étais représentant. L'élément qui le rendit différent est la même chose qui va vous changer : c'est la puissance de décision qui est si essentielle au leadership.

Ce courtier est maintenant un chef de file dans le domaine de l'immobilier. Il dirige les activités d'autres représentants, aidant chacun à devenir plus efficace. Ce seul changement dans sa philosophie a transformé sa défaite temporaire en réussite. Chaque nouveau représentant qui commence à travailler pour lui est invité dans son bureau avant de débuter. Il lui raconte sa transformation mot pour mot, exactement comme cela s'est passé quand le représentant qui voulut lui vendre un cours le rencontra pour la première fois dans son bureau sale et délabré.

Si vous possédez un talent, utilisez-le à fond.
Ne l'épargnez pas. Ne le vénérez pas non plus comme un grippe-sou.
Dépensez-le avec ravissement tout comme un millionnaire qui a l'intention d'épuiser sa fortune jusqu'à son dernier sou.

-Brendan Francis

Il y a déjà longtemps, je fis un premier voyage dans la petite ville de Lumberport, en Virginie de l'Ouest. À cette époque, le seul moyen de transport conduisant de Clarksburg, la plus grande ville voisine, jusqu'à Lumberport était la Baltimore & Ohio Railroad. Il y avait également une ligne de tramway électrique interurbaine qui se rendait jusqu'à moins de cinq kilomètres de la ville; si on le désirait, on pouvait effectuer cette distance à pied.

À mon arrivée à Clarksburg, je m'aperçus que le seul train allant à Lumberport en après-midi était déjà parti et, ne désirant pas attendre le prochain train, je fis le voyage par tramway avec l'intention de marcher les cinq kilomètres. Chemin faisant, la pluie commença à tomber et je dus marcher presque toute la distance dans la boue. Quand j'arrivai à Lumberport, mes souliers et mon pantalon étaient boueux et je n'étais pas dans les meilleures dispositions mentales.

La première personne que je rencontrai fut V. L. Hornor, alors caissier de la banque de Lumberport. D'un ton plutôt acerbe, je lui demandai : « Pourquoi ne pas prolonger cette ligne de tramway depuis le carrefour jusqu'à Lumberport afin que vos clients puissent aller et venir au centre-ville sans être éclaboussés de boue? »

« Avez-vous déjà remarqué la rivière aux rives élevées aux abords de la ville, en arrivant? » me demanda-t-il. Je répondis par l'affirmative. « Bien, continua-t-il, c'est là la raison pour laquelle nous n'avons aucun tramway circulant jusqu'au centre-ville. Le coût d'un pont serait d'environ 100 000 $ et c'est beaucoup plus que les propriétaires de la ligne sont prêts à investir. Nous tentons depuis dix ans de les convaincre de prolonger la ligne jusqu'au centre-ville. »

J'explosai : « Essayer! Mais avec quelle force avez-vous essayé? »

« Nous leur avons proposé toutes sortes de récompenses alléchantes que nous pouvions nous permettre, tel que le libre droit de passage à partir du carrefour jusqu'au centre-ville et le libre usage des rues, mais, qu'on le veuille ou pas, ce pont est la pierre d'assise. Les propriétaires ne peuvent simplement pas assumer la dépense. Ils disent qu'ils ne peuvent débourser autant pour le peu de revenus qu'ils recevraient pour un prolongement aussi long. »

C'est alors que la philosophie des *lois du succès* vint à ma rescousse!

Je demandai à monsieur Hornor s'il voulait bien m'accompagner jusqu'à la rivière, afin de jeter un coup d'œil à l'endroit qui causait autant de difficulté. Il m'assura qu'il serait heureux de le faire.

Une fois que nous fûmes rendus à la rivière, je commençai à dresser l'inventaire de tout ce qu'on pouvait voir. Je lui fis remarquer que les rails de la Baltimore & Ohio Railway descendaient et montaient le long des berges, de chaque côté de la rivière; que la route du comté traversait la rivière sur un pont de bois délabré et que ses deux accès comptaient plusieurs embranchements de rails, les voies d'aiguillage de la compagnie de chemin de fer étant localisées à cet endroit.

Durant notre visite des lieux, un train de marchandises s'immobilisa au croisement et plusieurs attelages s'arrêtèrent de chaque côté du train, attendant la prochaine occasion pour traverser. Le train bloqua la route pendant environ vingt-cinq minutes.

Cette combinaison de circonstances à l'esprit, il me fallut peu d'imagination pour voir que *trois parties différentes* pourraient être intéressées à la construction d'un pont nécessaire pour supporter le poids des véhicules.

Il était évident que la Baltimore & Ohio Railroad serait intéressée à un tel pont, car ainsi elle pourrait éliminer la route du comté de ses voies d'aiguillage et préserverait d'une possibilité d'accident au croisement, et cela, sans inclure la perte de temps et de frais encourus pour séparer les trains afin de permettre aux attelages de passer.

Aussi, il était évident que les commissaires du comté seraient intéressés à un tel pont parce que ce dernier élèverait la route à un meilleur niveau et la rendrait plus serviable pour le public en général. Bien sûr, la compagnie de tramways était intéressée à la construction du pont, *mais ne voulait pas seule assumer le coût total*.

Alors que je me tenais là à regarder le train de marchandises qu'on séparait pour que la circulation puisse reprendre, un scénario se déroulait dans mon esprit.

Un *but clairement défini* se précisa dans mon esprit, ainsi qu'un plan précis pour sa réalisation. Le jour suivant, je convoquai un comité de citoyens constitué du maire, des conseillers et de quelques notables dans le but de rencontrer l'administrateur de la Baltimore & Ohio Railroad Company, à Grafton. Nous avons convaincu cet homme de décision qu'il valait la peine d'investir un tiers du coût de ce pont pour empêcher la route de passer sur les voies de la compagnie de chemin de fer. Ensuite, nous avons rencontré les commissaires du comté et l'idée de la possibilité d'obtenir un nouveau pont en n'ayant à défrayer que le tiers des coûts les a enthousiasmés. Nous nous sommes quittés sur la promesse qu'ils paieraient leur part pourvu que nous fassions des arrangements pour les deux autres tiers.

Nous sommes par la suite allés voir le président de la Traction Company, propriétaire de la compagnie de tramways, à Fairmount, et lui avons remis une offre cédant tous les droits de passage et le paiement pour les deux tiers du coût du pont à la condition qu'il commence le plus tôt possible à construire la ligne jusqu'au centre-ville. À notre grande satisfaction, il fut réceptif à l'idée.

Trois semaines plus tard, un contrat avait été signé entre la Baltimore & Ohio Railroad Company, la Monongahela Valley Traction Company et les commissaires du comté de Harrison, à condition qu'un tiers du coût de la construction du pont soit payé par chacune des parties.

Seulement deux mois plus tard, le droit de passage était classé et le pont était en construction; et trois mois plus tard, les tramways roulaient dans Lumberport avec un horaire régulier.

Cette transaction signifia beaucoup pour la ville de Lumberport, car elle accordait aux citoyens des moyens de transport afin d'entrer et de sortir de la ville plus facilement.

Ce projet eut une grande signification à mes yeux, car il servit à me faire connaître comme étant quelqu'un qui *fait arriver les choses.* Deux avantages résultèrent de cette transaction. Le principal conseiller de la compagnie de tramways me donna une position en tant que son assistant, et plus tard, cela m'amena à une nomination en tant que directeur de la publicité de l'Université LaSalle .

Lumberport, en Virginie de l'Ouest, était alors et est toujours une petite ville, tandis que Chicago était considérée comme étant une grande ville située à une distance importante, mais les informations sur l'initiative et le leadership ont une façon spéciale de voyager et de se rendre à bon port.

Cinq des dix-sept lois du succès étaient rassemblées dans la transaction décrite ci-dessus, à savoir un *but clairement défini*, la *confiance en soi*, l'*imagination*, l'*initiative* et le *leadership*. La loi intitulée l'habitude de *faire plus que le salaire reçu* se rassembla aux autres dans cette entente parce que même si on ne m'a rien offert, en fait, je ne m'attendais pas à être payé pour ce que j'ai fait.

Pour être tout à fait franc, je me suis donné le but d'obtenir que le pont soit construit davantage comme un défi envers ceux qui disaient que ça ne pouvait être fait que dans l'espoir d'être payé pour ce que j'ai fait. Grâce à mon attitude, j'ai plutôt fait comprendre à monsieur Hornor que je pouvais accomplir cette tâche; il m'a alors pris au mot et mis à l'épreuve.

Il serait utile de faire remarquer la part que l'imagination a jouée dans cette transaction. Durant dix ans, les citoyens avaient essayé d'amener une ligne de tramways au centre-ville. Nous ne devons pas en venir à la conclusion que la ville était dépourvue de citoyens capables de faire ce que j'ai fait, ce serait faux. En fait, il s'y trouvait plusieurs de ces personnes, mais elles avaient fait l'erreur, qui est si communément faite par nous tous, d'essayer de résoudre leur problème par une seule source, alors qu'il y avait en réalité *trois sources* de solution à cette problématique.

Cent mille dollars étaient un coût trop élevé pour être assumé par une seule compagnie pour construire un pont, mais lorsque le coût fut réparti entre trois compagnies intéressées, le montant devant être investi par chacune était plus acceptable.

On serait à même de se demander pourquoi un citoyen local n'avait pas pensé à cette triple solution?

En premier lieu, comme les citoyens avaient le nez rivé sur la problématique, ils ont négligé d'analyser d'autres possibilités ce qui les aurait amenés à penser à d'autres solutions. C'est d'ailleurs une erreur courante et les grands leaders font tout en leur possible pour l'éviter. En second lieu, les citoyens n'avaient encore jamais coordonné leurs efforts ou travaillé comme un groupe organisé avec le seul but en tête de trouver une façon d'obtenir la construction d'une ligne de tramways jusqu'au centre-ville. C'est là d'ailleurs une autre erreur commune faite par des gens de tout milieu - celle de négliger de travailler en équipe, dans un esprit de coopération.

Moi, un étranger, j'eus moins de difficulté à obtenir leur coopération active qu'un des leurs avait pu obtenir. Trop souvent, il y a un esprit d'égoïsme dans les petites communautés qui incite chaque individu à penser que c'est leur idée qui devrait l'emporter. C'est une partie importante de la responsabilité d'un leader de persuader les gens de subordonner leurs idées et leurs intérêts personnels pour le bien de la communauté, et ceci s'applique aux affaires de nature municipale, commerciale, sociale, politique, financière ou industrielle. La réussite, quelle que soit notre conception de ce terme, est presque toujours une question d'habileté pour une personne d'obtenir que d'autres subordonnent leur intérêt individuel et suivent un leader. Le leader qui a la personnalité et l'imagination pour amener ses partisans à accepter ses plans et à les mettre à exécution fidèlement est toujours un leader en pleine possession de ses moyens.

Maîtriser les dix-sept lois du succès équivaut
à posséder une assurance contre l'échec.

-Samuel Gompers

La prochaine leçon sur l'imagination vous mènera encore plus loin dans l'art du leadership. Le leadership et l'imagination sont si intimement liés et si essentiels au succès qu'il est impossible d'en utiliser un sans l'autre. L'initiative est une force motrice qui stimule le leader à avancer, mais l'imagination est le guide spirituel qui lui souffle le chemin à emprunter.

L'imagination est ce qui m'a permis d'analyser le défi du pont de Lumberport, de le séparer en ses trois composantes et d'assembler ses parties en un plan d'action stratégique et pratique. Presque chaque problème peut être divisé en différentes parties qui sont alors plus facilement gérables, que lorsqu'elles forment un tout. Peut-être que l'un des avantages les plus importants de l'imagination est qu'elle permet de diviser tous les problèmes en diverses composantes et les rassembler dans des combinaisons plus avantageuses.

Le temps est la main énergique qui fait balancer
le berceau du progrès et qui soigne
l'humanité souffrante à travers cette époque où
une personne a besoin d'être protégée
contre sa propre ignorance.

Il a été dit que toutes les batailles d'une guerre sont gagnées ou perdues non pas sur les lignes de feu, mais derrière elles, grâce à une stratégie précise ou par un manque de stratégie, utilisée par les généraux qui conçoivent les batailles.

Ce qui est vrai de la guerre l'est également en affaires et dans la plupart des autres problèmes auxquels nous sommes confrontés durant toute notre vie. Nous gagnons ou perdons selon la nature des plans que nous établissons et mettons à exécution; c'est un fait qui sert à mettre l'emphase sur la valeur des lois de l'initiative et du leadership, de l'imagination, de la confiance en soi et d'un but clairement défini.

En utilisant intelligemment ces quatre lois, il est possible d'établir des plans pour atteindre quelque but que ce soit, lesquels ne peuvent être rejetés par quiconque ou groupe de personnes qui n'utilisent pas ou ne comprennent pas ces lois.

Il est impossible d'échapper à cette vérité. L'*effort organisé* est celui qui est dirigé d'après un plan conçu avec l'aide de l'imagination guidée par un but clairement défini, et en lui donnant un élan auquel on ajoute l'initiative et la confiance en soi. Ces quatre lois se fusionnent et deviennent une puissance dans les mains d'un leader. Sans leur intervention, un leadership efficace est impossible.

Le destin n'est pas une question de chance, mais plutôt de choix.

Ce n'est pas quelque chose après lequel on attend; c'est quelque chose à accomplir.

-William Jennings Bryan

L'INTOLÉRANCE

Une rencontre après la leçon avec l'auteur

Si vous devez exprimer les préjugés, la haine et l'intolérance,
ne les dites pas, mais écrivez-les;
écrivez-les dans le sable sur la plage, au bord de l'eau.

Lorsque la lueur de l'intelligence s'étendra vers l'horizon du progrès humain, que l'ignorance et la superstition auront abandonné leurs dernières empreintes sur le sable du temps, il sera rapporté dans le dernier chapitre du livre des crimes de l'humanité que notre péché le plus grave était celui de l'intolérance.

L'intolérance la plus amère grandit à partir de préjugés religieux, raciaux et économiques et de différences d'opinions. Combien de temps nous faudra-t-il pour que nous comprenions la folie qu'est celle d'essayer de nous détruire les uns les autres parce que nos croyances religieuses et nos penchants raciaux sont différents?

Le temps qui nous est alloué sur cette Terre est éphémère. Comme une chandelle allumée, nous brillons un moment pour ensuite nous éteindre. Pourquoi n'apprenons-nous pas à vivre ainsi, pendant cette brève visite sur cette planète, pour que lorsque la grande caravane appelée la mort approchera pour nous annoncer que cette visite est terminée, nous soyons prêts à plier nos tentes et, silencieusement, la suivre vers le grand inconnu, sans peur ni frisson?

J'espère ne trouver ni juifs ou gentils, catholiques ou protestants, allemands, anglais ou français, quand j'aurai traversé de l'autre côté. J'espère ne trouver là que des âmes humaines, des frères et sœurs, non identifiés par la nationalité, la croyance ou la couleur; car je voudrais que l'intolérance n'existe plus; ainsi, je pourrai reposer en paix pour l'éternité.

Il existe un tableau reconnu qui me vient à l'esprit qui décrit parfaitement la futilité du combat.

Deux cerfs mâles sont engagés dans une lutte à finir, chacun croyant qu'il en sortira vainqueur. Sur le côté du tableau, une femelle attend le gagnant, sans imaginer que demain les os des combattants *sècheront au soleil.*

Déjà, un établissement d'éducation renommé faisait des affaires florissantes et rendait un service valable à des milliers d'étudiants. Les deux propriétaires de l'école épousèrent deux belles jeunes femmes talentueuses et expertes à jouer du piano. Les deux femmes discutèrent à savoir laquelle des deux était la plus talentueuse dans cette discipline musicale. Même les maris prirent part à la discussion. Il s'ensuivit qu'ils devinrent des ennemis acharnés. Maintenant, les os de cette école prospère *sèchent au soleil*.

Dans une grande usine, deux jeunes contremaîtres *s'encornèrent* parce qu'un des deux avait reçu une promotion que l'autre s'attendait à avoir. Pendant plus de cinq ans, la haine et l'intolérance firent partie intrinsèque de leur vie. Les hommes qui travaillaient sous leur gouverne furent injectés de cet esprit d'antipathie qu'ils constataient chez leurs patrons. Lentement, mais sûrement, l'esprit de représailles se répandit sur tous les employés de l'usine. Les travailleurs formèrent de petites cliques. La production se mit à diminuer. Des difficultés financières se mirent de la partie et, finalement, la compagnie fut mise en faillite. Maintenant, les ossements d'une affaire jadis prospère *sèchent au soleil* et les deux patrons, ainsi que plusieurs centaines de travailleurs, furent forcés de recommencer à neuf dans un autre domaine.

Dans une banlieue de Philadelphie, certaines personnes riches y ont construit leurs maisons. Le mot *intolérance* aurait pu être écrit sur chaque porte. L'un d'eux construisit une haute barrière d'acier devant sa maison. Le voisin, pour ne pas se laisser impressionner, en bâtit une deux fois plus haute. Un autre acheta une nouvelle voiture et son voisin fit encore mieux en achetant deux nouveaux modèles.

Un autre rénova sa maison en y ajoutant un porche de style colonial. Le voisin de ce dernier pour faire bonne figure ajouta un nouveau porche et un garage de style espagnol. Le manoir au sommet de la colline organisa une fête qui amena une longue file de voitures remplies de gens qui n'ont rien en commun avec les hôtes. Des réceptions suivirent tout le long de la *côte d'or*, chacun essayant de jeter de la poudre aux yeux aux gens du voisinage.

Andrew Carnegie et Henry C. Frick s'engagèrent plus que n'importe qui d'autre à mettre sur pied l'industrie de l'acier. Tous deux en tirèrent des millions de dollars. Vint le jour où l'intolérance s'installa brusquement entre eux. Pour montrer son mépris à l'égard de Frick, Carnegie construisit un gratte-ciel et le nomma le Carnegie Building. Frick lui rendit la pareille en érigeant un édifice beaucoup plus haut à côté du Carnegie Building, le nommant le Frick Building.

Ces deux hommes s'entêtèrent dans une lutte sans merci et Carnegie y perdit son esprit et peut-être même davantage, pour tout ce que nous en savons. Ce que Frick a perdu n'est connu que de lui et de Celui qui tient le grand livre. Comme souvenir, leurs ossements *sèchent au soleil* de la postérité.

La pauvreté comporte certains avantages : elle ne conduit jamais ceux qui sont dans le dénuement à tenter de paraître plus pauvres que leurs voisins.

Quand vous voyez des gens s'entêter dans un conflit, vous pouvez rechercher la cause du combat dans l'une des trois causes d'intolérance : opinion religieuse, concurrence économique ou sexuelle.

La prochaine fois que vous verrez deux personnes impliquées dans toute forme d'animosité l'une à l'égard de l'autre, fermez les yeux et réfléchissez; vous serez surpris de constater à quel point elles ressemblent à deux cerfs ayant leurs cornes coincées s'entêtant à vouloir gagner pour une femelle, une religion ou une liasse de billets de banque.

Dix-sept facteurs entrent dans la réalisation de tout succès. L'un d'eux est la *tolérance*. Les seize autres sont mentionnés plusieurs fois à travers toutes les leçons de ce cours.

L'intolérance nous lie les chevilles avec les chaînes de l'ignorance et couvre nos yeux d'un bandeau de peur et de superstition. L'intolérance ferme le livre de la connaissance et sur la couverture il est écrit : « N'ouvrez plus jamais ce livre. Le dernier mot y a déjà été écrit. »

Ce n'est pas votre devoir d'être tolérant, c'est votre *privilège*!

Souvenez-vous en lisant ce livre que de semer la graine de l'intolérance est la seule et exclusive prérogative de certaines personnes. Toutes les guerres, et toute autre forme de souffrance humaine profitent à *certaines personnes*. Si cela n'était pas vrai, il n'y aurait pas de guerres ou d'autres formes similaires d'hostilité.

Lorsque vous sentez que vous êtes sur le point de crêper le chignon de quelqu'un, rappelez-vous que ce serait plus profitable si vous vous donniez une bonne poignée de main. Une telle action ne laisse pas d'ossements *à sécher au soleil*.

> « L'*amour* est la seule révérence contre les sombres nuages de la vie. C'est l'étoile du matin et du soir. Il brille sur le berceau du bébé et répand son éclat sur la tombe tranquille. C'est la mère de l'art, l'inspiratrice du poète, du patriote et du philosophe. C'est l'air et la lumière de chaque cœur, le bâtisseur de chaque maison, c'est ce qui allume un feu dans chaque âtre. Il fut le premier à rêver à l'immortalité. Il emplit le monde de mélodie, car la musique est la voix de l'amour. L'amour est le magicien, l'enchanteur, qui transforme les petits riens du tout en joies et élève les rois et les reines aux pieds d'argile. C'est le parfum de la fleur merveilleuse - le cœur - et sans cette passion sacrée, cette pâmoison divine, nous sommes

moins que des bêtes; mais avec lui, la Terre est le ciel et nous sommes des dieux. »

-Ingersoll

Cultivez l'*amour* envers votre prochain et vous ne voudrez plus jamais entremêler vos cornes contre lui dans un combat stérile. L'amour fait de chacun de nous le gardien de son frère.

L'amour, en effet, est la lumière du ciel,
une étincelle d'un feu immortel
partagé avec les anges, donné par Allah,
pour enrayer de la terre notre bas désir.
La dévotion élève l'esprit,
mais le ciel lui-même irradie son amour;
un sentiment provenant de la divinité
pour détacher de soi chaque pensée sordide;
une lueur provenant de Celui qui forma le tout;
une gloire auréolant l'âme.

-Lord Byron

Il existe vingt qualités qu'un leader doit posséder. Les flancs mous n'auront aucune partie à jouer dans le leadership du futur. Ces personnes auront été supplantées parce qu'elles manquaient des qualités essentielles au leadership, au moment où le pays entier agonisait littéralement à cause de la pauvreté de son leadership. Les leaders du futur devront posséder les qualités suivantes :

1. La maîtrise complète des six peurs principales.
2. La volonté de subordonner leurs intérêts personnels pour le bien de leur équipe. Une maîtrise totale sur l'avarice et l'avidité.
3. Un but clairement défini, soutenu par une stratégie précise de leadership qui se marie avec les besoins du moment.
4. La compréhension et l'application du principe du cerveau collectif grâce auquel une puissance peut être développée à travers l'effort organisé dans un état d'esprit d'harmonie.

5. La confiance en soi dans sa forme la plus élevée.
6. L'habileté de prendre des décisions rapidement et de les maintenir.
7. Une imagination suffisante leur permettant d'anticiper les nécessités du moment et de créer des plans pour subvenir à ces besoins.
8. L'initiative dans sa forme la plus intense.
9. L'enthousiasme et l'habileté de le transmettre à leur équipe.
10. Le contrôle de soi dans sa forme la plus élevée.
11. Une volonté de rendre plus de services que ceux pour lesquels il est rémunéré.
12. Une personnalité agréable et magnétique.
13. L'habileté de penser avec exactitude.
14. L'habileté de coopérer avec les autres dans un état esprit harmonieux.
15. La ténacité de concentrer ses pensées et ses efforts sur une tâche précise jusqu'à ce qu'elle soit exécutée.
16. L'habileté et le discernement de tirer profit de ses erreurs et échecs.
17. La tolérance dans sa forme la plus élevée.
18. La modération sous toutes ses formes.
19. L'honnêteté intentionnelle autant dans le but que dans l'action.
20. La dernière, mais non la moindre, une loyauté absolue à la *règle d'or*, le pilier des relations avec les autres.

Cette liste contient des qualités indissociables à la réussite que devra posséder le leader de l'avenir, mais le temps prouvera que les leaders qui vont durer posséderont et utiliseront chacune de ces vingt qualités. Les leaders de l'avenir seront obligés d'éviter les erreurs des leaders du passé, le but principal de ceux-ci ayant été l'exploitation des membres de leur groupe. Les grandes fortunes des leaders de l'avenir ne seront pas amassées aux dépens des masses.

L'aspirant au leadership du futur sera une personne sage qui réalisera qu'aucune entreprise ou profession de l'avenir ne pourra être bâtie avec succès sans reconnaître le fait que les membres et clients de son entreprise sont des partenaires et auront ainsi droit au partage des bénéfices qui seront engendrés.

COMMENTAIRE

Si vous croyez que c'est de l'optimisme à l'eau de rose, permettez-nous de vous offrir l'exemple de Sam Walton. Au moment de son décès en 1992, Sam Walton était considéré comme la personne la plus riche en Amérique, sa valeur ayant été estimée à vingt-huit milliards de dollars. Il avait amassé cette fortune grâce à ses magasins Walmart, en procurant les nécessités de la vie courante aux consommateurs.

Ses clients profitaient du fait qu'ils pouvaient se procurer les articles dont ils avaient besoin, et cela, à meilleur prix que dans tout autre magasin. Ils profitaient aussi de faire leurs achats dans un endroit où le personnel était sympathique, accueillant et désireux d'aider la clientèle. Cet esprit était le résultat direct de l'engagement de Sam Walton, qui était de travailler avec son personnel. Il se présentait sur les quais d'embarquement des marchandises tard le soir, apportant des boîtes de beignets et du café pour son équipe; il montait sur une table lors de l'ouverture d'un nouveau magasin pour pousser des hourras avec le personnel et a même un jour dû tenir parole, en dansant le hula le long de Wall Street, pour avoir mis son personnel au défi d'accroître les profits de l'entreprise.

Walton partageait aussi très généreusement la richesse de son entreprise en versant des primes annuelles sous forme d'actions fort lucratives. Ceux qui s'étaient engagés envers Walmart étaient en outre récompensés par des primes de retraite qui, même pour des commis, pouvaient valoir des centaines de milliers de dollars. Il a peut-être fallu que Walton avance un peu plus d'argent, mais il en a récolté un retour incroyable en ce qui a trait à l'enthousiasme de ses employés.

Le style de leadership dynamique de Sam Walton inclut les vingt qualités proposées dans cette leçon par Napoleon Hill, et même davantage.

Avant de commencer la prochaine leçon, il peut être utile de faire une liste de vos forces et faiblesses et ainsi faire votre évaluation personnelle à propos des vingt qualités du leadership. L'analyse de soi est toujours bénéfique, pourvu qu'elle soit précise. Chaque qualité essentielle du leadership peut être développée par quiconque accepte de faire un effort raisonnable pour appliquer dans sa vie la philosophie des *lois du succès.*

Si vous voulez être certain que votre analyse est juste, accordez-vous une note sur les vingt qualités du leadership, puis faites-la vérifier par deux ou trois personnes qui vous connaissent assez bien pour vous évaluer correctement.

Voici une méthode simple pour effectuer votre évaluation personnelle : copiez les vingt qualités du leadership sur une feuille de papier. À la suite de chacune des qualités, écrivez les mots: *parfait, moyen* ou *médiocre,* selon ce que vous croyez qu'est votre évaluation. *Parfait* vous donnera droit à 5 points, *moyen* à 2,5 points et *médiocre,* une note de zéro. Transposez ce pointage sur votre feuille d'analyse personnelle et additionnez-les. Si le total donne une note moyenne de moins de 75, vous saurez que vous n'êtes pas encore assez accompli en tant que leader dans votre carrière. La charte révélera vos faiblesses. La maîtrise de cette philosophie vous fournira tout ce qui vous est nécessaire dans le but d'éliminer vos faiblesses.

Cette analyse devrait être complétée avant d'entreprendre la prochaine leçon parce qu'elle vous aidera à profiter encore plus de cette leçon et des suivantes. Rappelez-vous, en faisant cette analyse, que son but est que vous vous voyiez tel que vous êtes, à travers des yeux consciencieux et sympathiques.

Vous êtes maintenant prêt pour aborder la prochaine leçon sur l'imagination. Lisez cette leçon en gardant à l'esprit que tout ce qui a déjà été dit précédemment vous donnera une compréhension plus significative et profonde.

Toute personne qui pourrait

faire un meilleur usage de son temps

est qualifiée, selon moi,

de personne sans but *clairement défini*.

-Socrate

LEÇON 6

L'IMAGINATION

Vous pouvez le faire si vous y croyez!

L'imagination est l'atelier de l'esprit humain où de vieilles idées et des faits établis peuvent être réassemblés en de nouvelles combinaisons et utilisés à de nouvelles fins. Le dictionnaire définit *l'imagination* comme suit :

1. Faculté que possède l'esprit de se représenter des images; connaissances, expériences sensibles. Le domaine des idées et celui de l'imagination. Faculté d'évoquer les images des objets déjà perçus. Faculté de former des images d'objets qu'on n'a pas perçus ou de faire des combinaisons nouvelles d'images.

2. Habileté créative... débrouillardise.

L'imagination a été appelée la puissance créatrice de l'âme, mais ceci est quelque peu abstrait et va plus profondément dans la signification qu'il n'est nécessaire à un étudiant qui veut utiliser ce cours seulement comme un moyen d'atteindre des avantages matériels ou monétaires dans la vie.

L'IMAGINATION PEUT ÊTRE DÉVELOPPÉE

Si vous avez maîtrisé et entièrement compris les leçons précédentes de ce cours, vous savez que les matériaux avec lesquels vous avez établi votre *but clairement défini* ont été assemblés et combinés dans votre imagination. Vous savez aussi que la *confiance en soi, l'initiative* et le *leadership* doivent être créés dans votre imagination avant qu'ils puissent devenir réalités, car c'est dans l'atelier de votre imagination que vous mettrez en opération le principe de l'autosuggestion en créant ces qualités nécessaires.

Cette leçon sur l'imagination pourrait être considérée comme l'axe de ce cours parce que chacune des autres leçons mène à celle-ci et fait usage du principe sur lequel elle est basée, tout comme les fils téléphoniques mènent à la station centrale de leur source de pouvoir. Vous n'aurez jamais un *but clairement défini* dans la vie, vous n'aurez jamais confiance en vous, *vous* n'aurez jamais d'initiative ni de leadership à moins, en premier, lieu de fonder d'abord ces qualités dans votre imagination et de vous voir en leur possession.

Tout comme le chêne se développe à partir du germe qui repose dans le gland et que l'oiseau se développe à partir du germe qui repose endormi dans l'œuf, c'est ainsi que vos accomplissements matériels engendreront des projets *organisés* que vous créez dans votre imagination. D'abord vient la pensée; puis, l'organisation de cette pensée en idées et projets; puis, la transformation de ces plans en réalités. Le début, tel que vous l'observerez, se situe dans votre imagination.

L'imagination est autant de nature interprétative et créatrice. Elle peut examiner des faits, des concepts et des idées, et elle peut créer à partir de cela des projets et de nouvelles combinaisons.

COMMENTAIRE

L'imagination est trop souvent perçue comme n'étant rien de plus que des rêves farfelus, mais elle comporte des aspects incroyablement pratiques et stimulants. Oubliez les termes péjoratifs que vous pouvez avoir entendus, des expressions telles « qu'avoir la tête dans les nuages » ou « contempler son nombril ». Cette leçon vous aidera à apprécier votre imagination en tant qu'alliée utile et vigoureuse dans la poursuite de votre succès.

Si des preuves supplémentaires étaient nécessaires, considérez le vaste empire de Walt Disney, né de l'imagination débordante de son créateur. Également, le programme spatial et plusieurs grandes percées dans le domaine de la médecine ont été accomplis en imaginant le résultat et, ensuite, en utilisant la science et la technologie pour faire de ces rêves des réalités. Même nos leaders militaires ont ouvertement réclamé l'aide de scénaristes hollywoodiens pour imaginer des scénarios que les responsables de la guerre contre le terrorisme pourraient mettre au point à titre de mesures extraordinaires contre les formes d'attaque qui n'étaient pas couvertes par la stratégie militaire conventionnelle.

À travers sa capacité d'interprétation, l'imagination a un pouvoir qui ne lui est généralement pas attribué : la puissance d'enregistrer les vibrations et les ondes de la pensée mises en action à partir de sources extérieures, tout comme le récepteur radio capte les vibrations du son. Le principe à travers lequel cette capacité d'interprétation de l'imagination fonctionne s'appelle la télépathie - la communication de pensée d'un esprit à un autre, à longue ou à courte distance, sans l'aide d'appareils physiques ou mécaniques, de la façon expliquée dans la leçon un de ce cours, l'introduction au cerveau collectif.

COMMENTAIRE

Au moment où Napoleon Hill écrivait l'édition originale de ce livre, des recherches suggéraient que la télépathie serait sous peu un fait réel. Toutefois, dès le début du vingt-et-unième siècle, l'évidence en sa faveur repose encore largement sur des anecdotes.

Les éditeurs de cette édition révisée sont d'avis que Napoleon Hill n'aurait pas été découragé par ce manque de preuves scientifiques. L'intérêt qu'il avait pour la télépathie était purement d'ordre pratique et n'avait pas pour but de faire la preuve de l'existence du phénomène parapsychique. Les éditeurs vous proposent de suspendre tout scepticisme que vous pourriez éprouver envers le terme télépathie, qui a semblé au cours des années passées ne plus recevoir la même ferveur de la part des adeptes. Du moins, prêtez attention à l'application parfaitement logique et pratique que monsieur Hill avait en tête lorsqu'il utilisait cette expression.

La télépathie peut être un facteur important pour un étudiant qui se prépare à faire un usage efficace de son imagination, parce que cette capacité télépathique de l'imagination capte constamment des ondes de la pensée et des vibrations de toutes sortes. Les jugements hâtifs et les pressentiments qui stimulent quelqu'un à se former une opinion ou à décider du moyen à prendre, qui ne sont pas en harmonie avec la logique et la raison, sont habituellement le résultat d'ondes de pensée imprécises qui se sont enregistrées dans l'imagination.

Pour que vous puissiez comprendre à quel point les dix-sept facteurs sur lesquels ce cours est basé sont intimement liés, considérez, par exemple, ce qui survient quand un représentant qui manque de confiance en lui et en son produit va rencontrer un client potentiel. Que le client en soit conscient ou pas, son imagination ressent immédiatement ce manque de confiance dans l'esprit du représentant, car *ses pensées* détruisent ses efforts. Ceci explique alors d'un autre angle pourquoi la confiance en soi est l'un des plus importants facteurs relié à la réalisation de ses buts.

Le principe de la télépathie et la loi de l'attraction par lesquels les semblables s'attirent, expliquent plus d'un cas d'échec. Si l'esprit a une tendance à attirer ces vibrations de la pensée qui s'harmonisent avec les pensées dominantes d'un esprit donné, vous pouvez facilement comprendre pourquoi un esprit négatif qui s'attarde sur l'échec et manque de confiance en lui n'attirera pas un esprit positif qui est dominé par des pensées de réussite.

Peut-être que ces explications sont quelque peu abstraites, mais il semble nécessaire de les introduire dans cette leçon comme moyen de rendre l'étudiant capable à comprendre et à faire un usage pratique du sujet de cette leçon. L'imagination est trop souvent considérée seulement comme quelque chose d'indéfini, d'introuvable, d'indescriptible, un élément qui ne sert qu'à la fiction. C'est cette négligence populaire des puissances de l'imagination qui a rendu ces références plus ou moins abstraites nécessaires à l'un des sujets les plus importants de cet enseignement. Non seulement le sujet à propos de l'imagination est-il un facteur important de ce cours, mais c'est l'un des sujets les plus intéressants, comme vous le constaterez lorsque vous commencerez à voir de quelle façon il agit sur tout ce que vous faites dans le but de réaliser votre but clairement défini.

Vous verrez l'importance du sujet de l'imagination lorsque vous réaliserez que c'est la seule chose au monde sur laquelle vous avez un contrôle absolu. D'autres peuvent vous priver de votre richesse matérielle et vous tromper de mille et une façons, mais personne ne peut vous priver du contrôle et de l'utilisation de votre imagination. Les autres peuvent agir avec vous de façon injuste, comme ils le font souvent; ils peuvent vous priver de votre liberté, mais ils *ne peuvent pas* vous retirer le privilège d'utiliser votre imagination quand vous le désirez.

Le poème le plus inspirant de toute la littérature fut écrit par Leigh Hunt, alors qu'il était un misérable prisonnier d'une prison anglaise, où il avait été injustement confiné à cause de ses idées politiques avancées. Ce poème est intitulé *Abou ben Adhem* et il est cité ici pour rappeler qu'une des grandes choses que chacun de nous peut faire dans sa propre imagination, c'est de pardonner à ceux qui ont agi injustement à son égard :

Abou Ben Adhem, bénie soit sa tribu,

se réveilla une nuit d'un rêve profond de paix,

et vit dans le clair de lune qui donnait

à sa chambre, la splendeur d'un lys épanoui,

un ange écrivant dans un livre d'or.

Ben Adhem rendu brave par un long repos

demanda à la présence dans la chambre :

« Qu'écris-tu? » La vision leva la tête et,

le regard rayonnant de douceur répondit :

« Les noms de ceux qui aiment le Seigneur. »
« Le mien est-il entre eux? » dit Abou.
« Non, il ne l'est pas », répondit l'ange.
Abou parla alors d'une voix plus sourde,
mais encore enjouée.
« Je te prie, alors de m'inscrire,
comme quelqu'un qui aime son prochain. »
L'ange l'écrivit son nom et disparut.
La nuit suivante, il revint entouré de lumière
et montra les noms bénis par l'amour de Dieu.
Miracle!
Le nom de Ben Adhem précédait tous les autres!

La civilisation elle-même doit son existence à des poètes tels que Leigh Hunt, dont l'imagination fertile a décrit les normes les plus élevées et les plus nobles qui doivent exister dans les relations entre les humains. « *Abou ben Adhem* » est un poème qui ne s'effacera jamais, grâce à ce poète qui décrivit dans son imagination l'espoir d'un idéal constructif.

La personne qui calomnie son prochain,
de façon inconsciente,
révèle la vraie nature de ce qu'elle est.

LA PUISSANCE DE L'IMAGINATION

Aujourd'hui, le principal problème du monde repose dans notre manque de compréhension de la puissance de l'imagination, car en la comprenant, nous pourrions l'utiliser comme une arme grâce à laquelle pauvreté, misère, injustice et persécution pourraient être éliminées. Ce résultat pourrait être accompli en une seule génération. C'est un exposé plutôt large et personne ne comprend mieux que moi à quel point un tel exposé pourrait être inutile si le principe sur lequel il est fondé n'était pas expliqué en termes plus pratiques. Par conséquent, laissez-moi vous décrire ce qu'il signifie.

Il n'est pas nécessaire de prendre du temps pour prouver que la télépathie est une réalité. Dans le but de comprendre cette description, nous devons accepter comme une réalité le principe de la télépathie, dans le sens où chaque pensée libérée s'enregistre elle-même dans l'esprit des autres.

Vous avez souvent entendu parler de la « psychologie de foule », qui n'est rien de plus ni de moins qu'une forte idée dominante qui a été créée dans l'esprit d'une ou plusieurs personnes et qui s'est enregistrée dans les esprits d'autres personnes par le principe de la télépathie. La puissance de la « psychologie de foule » est si forte que deux hommes se battant dans la rue commenceront souvent une bataille générale dans laquelle des passants s'engageront dans la bagarre, sans même savoir pour quelle raison ils se battent ni avec qui ils se battent.

En 1918, jour de l'Armistice, nous avons été témoins d'une extraordinaire anecdote du principe de la télépathie, à une échelle jamais vue auparavant. Je me souviens distinctement de l'impression faite sur mon esprit en ce jour mémorable. Cette impression fut si forte qu'elle me réveilla vers trois heures du matin, presque aussi efficacement que si quelqu'un m'avait forcé à me lever. Comme je m'assoyais sur mon lit, je sentais que quelque chose hors de l'ordinaire était arrivé et l'effet de cette expérience était si étrange et incitatif que je me levai, m'habillai et sortis dans les rues de Chicago où je rencontrai des milliers d'autres personnes qui avaient ressenti la même influence. Chacun demandait : « *Que s'est-il passé*? »

Voilà ce qui s'était passé :

Des millions d'hommes avaient reçu l'ordre de cesser le feu et c'était leur joie combinée qui déclencha une onde de pensée qui déferla sur le monde entier. Peut-être que jamais dans l'histoire du monde tant de millions de personnes n'avaient *pensé à la même chose, de la même manière, en même temps.* Pour une fois dans l'histoire du monde, *chacun* ressentit quelque chose en commun et l'effet de cette pensée harmonisée était la « psychologie de foule » universelle dont nous fûmes les témoins le jour de l'Armistice. Il vous aidera à mieux comprendre cet énoncé si vous vous rappelez ce qui a été mentionné dans la leçon préliminaire de ce cours à propos de la méthode de création d'un cerveau collectif – par l'harmonie de pensée de deux personnes ou plus.

Nous allons personnaliser l'application de ce principe en vous démontrant de quelle façon vous pouvez créer ou briser les relations de travail harmonieuses d'une entreprise ou d'une industrie. Vous pourriez douter que ce fût l'harmonie de pensée de millions de soldats qui s'enregistra dans l'esprit des gens du monde entier et qui causa la condition psychologique « de la foule » le jour de l'Armistice. Il n'est donc pas nécessaire de vous prouver qu'une personne mécontente est une source de distraction pour ceux avec qui elle entre en contact. C'est un fait établi qu'une telle personne dans un milieu de travail perturbe toujours ses collègues.

Appliquez le principe d'une autre façon : placez dans un groupe d'employés quelqu'un dont la personnalité est optimiste, positive et qui prend la responsabilité de semer la graine de l'harmonie dans son milieu de travail et son influence se reflétera sur chaque personne de son entourage.

Comme l'écrivait Emerson, si chaque entreprise représente « l'ombre prolongée d'une personne », il revient donc à chaque personne de refléter une ombre de confiance, de bonne humeur, d'optimisme et d'harmonie afin que ces qualités, à leur tour, puissent influencer tous ceux qui travaillent dans l'entreprise.

L'IMAGINATION AU TRAVAIL

En passant à l'étape suivante de notre application de la puissance de l'imagination dans l'atteinte d'une réussite convoitée, je citerai certains exemples récents et modernes de son utilisation en égard avec l'accumulation de richesses matérielles et la réalisation de certaines des inventions de pointe du monde.

En arrivant à cette prochaine étape, il ne faudra pas oublier « qu'il n'y a rien de nouveau sous le soleil ». La vie sur terre est comparable à un kaléidoscope devant lequel les scènes, les faits et les substances matérielles sont toujours en mouvance et en changement et tout ce que l'être humain peut faire est de les prendre et les réorganiser en de nouvelles combinaisons. L'imagination est le nom donné au processus pour y parvenir.

Il a été dit précédemment que l'imagination est de nature à la fois interprétative et créatrice. Elle peut recevoir des impressions ou des idées à partir desquelles elle peut former de nouvelles combinaisons.

Un grand esprit dédaigne une route déjà défrichée. Il est plutôt à la recherche de régions jusqu'ici inexplorées.

-Abraham Lincoln

Comme première illustration de la puissance de l'imagination dans la réussite des affaires modernes, nous prendrons le cas de Clarence Saunders qui organisa le système de libre-service avec chariots dans les épiceries Piggly-Wiggly.

Saunders était commis d'épicerie dans un petit magasin de détail dans le sud des États-Unis. Un jour, un plateau dans les mains, il se tenait à la file pour acheter de la nourriture dans une cafétéria. Avant ce moment-là, son salaire n'avait jamais été plus élevé que vingt dollars par semaine. Personne n'avait jamais rien remarqué de particulier en lui qui aurait pu indiquer qu'il possédait un quelconque talent particulier. Durant l'attente, il se produisit dans son esprit quelque chose qui mit son imagination en marche. Grâce à cette dernière, il analysa l'idée de libre-service de la cafétéria dans le but de la reproduire dans une épicerie. Il ne créait rien de nouveau, il ne faisait qu'un nouvel usage d'une vieille idée. En un bref instant, le libre-service de Piggly-Wiggly avait été créé et Clarence Saunders, le commis d'épicerie à vingt dollars par semaine, venait de créer en Amérique la première chaîne multimillionnaire d'épiceries sous une même bannière.

Dans cette histoire de succès, voyez-vous la moindre indication d'une performance que vous ne pourriez pas vous-même répéter?

Analysez-la, évaluez-la à l'aide des leçons précédentes et vous constaterez que Clarence Saunders avait créé et visé un *objectif clairement défini. Son* objectif fut soutenu par une confiance en lui-même suffisante pour lui faire prendre l'initiative de transformer son idée en réalité. Son objectif fut soutenu par une confiance en lui-même suffisante lui permettant ainsi de prendre l'initiative de transformer son idée en réalité. Son imagination était le laboratoire dans lequel ces trois éléments, *l'objectif clairement défini, la confiance en soi* et l'*initiative* furent réunis, ce qui lui donna l'élan nécessaire vers la première étape de l'organisation du projet de la chaîne d'épiceries.

C'est ainsi que les grandes idées deviennent des réalités.

COMMENTAIRE

Quelques années plus tard, Sylvan Goldman, à qui appartenaient plusieurs épiceries Piggly-Wiggly *en Oklahoma, a remarqué que ses clients peinaient à tout transporter dans de petits paniers. Un soir, alors qu'il cherchait une façon de les aider à acheter davantage d'un seul coup, il remarqua un panier sur une chaise pliante. Une idée surgit.Il téléphona à son mécanicien et il lui fit ajouter des roues aux pattes de la chaise, installer un autre panier sous le siège et le panier d'épicerie, tel qu'on le connait aujourd'hui, venait d'être créé.*

Thomas Stemberg, gérant d'un autre supermarché, se mit à réfléchir et se demanda si d'autres commerces au détail pouvaient se servir de l'idée. Il décida d'appliquer le concept de l'épicerie aux magasins de fournitures de bureau. Leo Kahn et lui baptisèrent leur premier magasin Staples.

Lorsque Thomas A. Edison inventa la lampe incandescente, il rassembla deux vieux principes bien connus dans une nouvelle idée. Edison, et pratiquement tous ceux qui étaient informés sur le sujet de l'électricité, savait qu'une lumière pouvait être produite en chauffant un mince fil avec l'électricité, mais le défi était d'y arriver sans pour autant faire flamber le fil. Durant sa recherche expérimentale, Edison essaya toutes sortes de fils, espérant ainsi découvrir une matière résistant à l'énorme chaleur à laquelle elle devait être soumise avant que la lumière soit produite.

L'imagination d'Edison produisit finalement un résultat lorsqu'il compara le défi auquel il faisait face avec la fabrication du charbon de bois. Ce dernier est créé lorsque du bois est brûlé sous un amas de terre. Cette procédure élimine presque tout l'oxygène disponible nécessaire à la combustion. Il fallait qu'Edison trouve le moyen que le fil chauffe comme du charbon de bois. Sa solution fut d'enfermer le fil dans une bulle de verre pour ensuite, en retirer presque tout l'oxygène. La combustion existe quand même, mais à un niveau si bas pour que le fil puisse durer assez longtemps afin que l'ampoule électrique soit utilisable.

Malgré tout cela, l'idée d'Edison requérait plusieurs raffinements quant à la bonne sorte de fil et la bonne épaisseur et la qualité du verre. Ces raffinements se poursuivent encore de nos jours, mais rien n'empêche le fait que c'est monsieur Edison qui finalisa la connexion essentielle. Il le fit en faisant des tentatives fréquentes en utilisant son imagination.

Ce soir, quand le soleil se couchera, allez jusqu'au mur, appuyez sur un bouton et faites revenir le soleil; voilà une performance qui aurait mystifié les gens d'il y a quelques générations. Grâce à l'utilisation de l'imagination d'Edison, vous avez simplement réuni deux principes qui ont toujours existé.

Aucun de ses amis intimes n'a jamais attribué un talent particulier ou une puissance de génie à Andrew Carnegie, excepté envers une chose : c'était son habileté à choisir des personnes qui pourraient et voudraient coopérer dans un esprit d'harmonie en travaillant à mettre ses désirs en exécution. Mais de quelle habileté additionnelle avait-il besoin pour l'accumulation de ses millions de dollars?

COMMENTAIRE

Durant ce cours, votre imagination aura vite fait de faire des liens entre les principes énoncés et leur mise en application qui sont uniques à votre situation.

Commencez par votre but clairement défini. Regardez l'énoncé écrit que vous en avez fait. Y a-t-il un moyen quelconque de le modifier pour le rendre plus clair, plus précis, plus près de ce que vous voulez réellement?

Il nous arrive de découvrir que nous n'avons pas mis l'accent au bon endroit pour ce qui est de ce que nous voulons réellement accomplir. Cela se produit fréquemment et peut donner lieu au désespoir et à la frustration. Certains des plus grands succès sont survenus lorsque les gens ont examiné leurs buts et se sont rendu compte qu'ils n'étaient pas tout à fait appropriés à leur situation.

Quiconque comprend le principe de *l'effort organisé*, comme Carnegie le comprenait, et qui en connaît suffisamment sur la nature humaine pour être capable de choisir exactement ces types de personnes nécessaires à la performance d'un projet précis, pourrait reproduire tout ce que Carnegie a accompli au cours de sa vie.

Carnegie était un leader d'imagination. Il se fixa d'abord un *but clairement défini* et s'entoura ensuite de gens qui avaient la formation, la vision et la capacité nécessaires à la transformation de cet objectif en réalité. Il n'élaborait pas toujours ses propres plans pour atteindre son *but clairement défini*. Il se faisait un devoir de savoir ce qu'il voulait et trouvait ensuite les gens qui établiraient des plans à l'aide desquels il pourrait se rendre au but. Et cela n'était pas seulement de l'imagination, c'était du génie à l'état pur.

Mais nous devrions mettre en lumière le fait que les personnes du genre de monsieur Carnegie ne sont pas les seules qui peuvent utiliser profitablement leur *imagination*. Cette énorme puissance est aussi disponible pour la personne qui débute dans les affaires qu'elle l'est pour la personne qui a déjà réussi.

Un jour, le wagon privé de Charles M. Schwab avait été dirigé sur un rail de dérivation de son aciérie, la Bethlehem Steel. Comme il descendait de son wagon, un jeune sténographe vint vers lui et lui dit qu'il était venu pour s'assurer que l'on prendrait promptement soin de toutes les lettres et de tous les télégrammes que monsieur Schwab aurait à écrire. Personne n'avait dit à ce jeune homme de se rendre disponible, mais comme il avait de l'imagination, il a constaté que le fait de vouloir se rendre utile ne nuirait en rien à ses chances d'avancement. Dès lors, le jeune homme fut remarqué et put recevoir éventuellement une promotion. Monsieur Schwab le remarqua parce qu'il avait fait ce que n'importe lequel de la douzaine d'autres sténographes employés par la compagnie aurait pu faire, mais ne fit pas. Plus tard, ce même homme devint président de l'une des plus grandes entreprises de produits pharmaceutiques. Il put alors acquérir tous les biens matériels qu'il voulut se procurer.

COMMENTAIRE

La société Sony a déjà tenté de fabriquer un tout petit magnétophone stéréo qui serait compatible avec les cassettes standard. Or, les techniciens pouvaient certes inventer un petit lecteur, mais il leur fut impossible de fabriquer des composantes électroniques qui permettaient d'enregistrer. Ils en vinrent donc à la conclusion que la conception était un échec.

Puis, un jour que le président honoraire de Sony, Masaru Ibuka, traversait le laboratoire, il constata que certains des techniciens se servaient de prototypes du lecteur de cassettes sans sembler se soucier du fait que l'appareil ne permettait pas d'enregistrer; ils aimaient simplement pouvoir aller et venir en écoutant leur musique favorite.

Ibuka se souvint alors qu'une autre division de Sony travaillait à la fabrication de casques d'écoute ultra légers et son imagination établit le lien que les techniciens n'avaient pas été en mesure de faire. À son avis, Sony n'avait pas échoué; elle avait plutôt inventé un lecteur stéréo personnel. On ajouta un casque d'écoute à l'appareil, auquel on donna le nom de Walkman. Cet appareil a révolutionné autant l'industrie de la musique que celui de l'électronique.

Il y a quelques années, je reçus une lettre d'un jeune homme qui avait à peine complété son école de commerce et qui était à la recherche d'un emploi dans mon entreprise. Inclus dans l'enveloppe avec sa lettre de présentation, il y avait un billet de dix dollars tout neuf qui n'avait jamais été plié. Voici ce que la lettre disait :

> « Je viens de terminer avec succès un cours commercial dans une école de première classe. Je désire postuler pour un emploi dans votre entreprise parce que je réalise combien cela serait valable pour quelqu'un comme moi, en tout début de carrière dans les affaires, d'avoir le privilège de travailler sous la gouverne d'un patron comme vous.
>
> « Si le billet de dix dollars ci-inclus est suffisant pour payer le temps que vous prendrez à me donner la formation pour ma première semaine de travail, je désire que vous l'acceptiez. Je vous offre de travailler le premier mois sans rémunération et vous pourrez décider par la suite de mon salaire après que j'aurai prouvé la valeur de mes services.
>
> « Je désire obtenir ce poste plus que toute autre chose et je suis disposé à faire tout sacrifice raisonnable pour l'obtenir.
>
> « Très cordialement. »

Ce jeune homme obtint une chance de travailler à mon bureau tout comme il le souhaitait. Son imagination lui procura l'occasion qu'il désirait et, avant la fin de son premier mois, le président d'une compagnie d'assurance-vie qui entendit parler de cet incident offrit au jeune homme un emploi d'adjoint privé avec un salaire substantiel. Il est plus tard devenu directeur de l'une des plus grosses compagnies d'assurance au monde.

Il y a déjà longtemps, un jeune homme écrivit à Thomas A. Edison pour postuler pour un emploi. La raison n'a jamais été connue, mais monsieur Edison ne répondit pas à sa lettre. Nullement découragé, il décida non seulement qu'il obtiendrait une réponse, mais, plus important encore, qu'il obtiendrait le poste désiré. Il vivait à une longue distance de West Orange, New Jersey, où les industries Edison étaient situées, et il n'avait pas les moyens financiers pour acheter un billet de train. Mais il *avait de l'imagination.* Il se rendit à destination à bord d'un train de marchandises, passa en entrevue, raconta son histoire personnelle et obtint le poste tant désiré.

Plus tard, il s'est retiré des affaires actives, ayant gagné tout l'argent dont il avait besoin. Son nom, au cas où vous voudriez confirmer mes propos, est Edwin C. Barnes.

COMMENTAIRE

Edwin C. Barnes n'obtint pas seulement un emploi auprès d'Edison, mais ultimement, devint un associé d'affaires du fameux inventeur.

Ce fut largement dû à la foi que Barnes avait dans le dictaphone créé par Edison, ainsi que son infatigable talent dans l'art de la vente que l'appareil devint une nécessité dans les bureaux à travers le pays.

Les sommets vaincus par les grands hommes
ne furent pas atteints d'un vol instantané;
mais pendant que leurs compagnons dormaient,
ils montaient en peinant dans la nuit.

-Henry Wadsworth Longfellow

Edwin C. Barnes, en utilisant son *imagination,* reconnut l'avantage d'une association étroite avec un homme tel que Thomas A. Edison. Il était assuré qu'une telle association lui fournirait l'occasion d'étudier monsieur Edison et en même temps, il serait mis en contact avec ses amis qui étaient parmi les gens les plus influents au monde.

Ces exemples ne sont qu'un certain nombre de cas que j'ai personnellement observés. En faisant un usage pratique de leur *imagination,* des gens se sont élevés à des positions élevées et ont accumulé une prospérité financière inouïe.

COMMENTAIRE

Les premiers photocopieurs que Xerox a lancé sur le marché coûtaient vraiment très cher, si bien que l'entreprise, plutôt que de vendre ses appareils, les louait et facturait les clients au nombre de copies qu'ils faisaient. C'était une toute nouvelle façon de générer des affaires. L'imagination fut mise à profit et cette méthode changea la façon de gérer les copies dans les bureaux.

La fille de Ruth Handler, Barbara, aimait jouer à habiller ses poupées. Elle adorait les poupées. Lorsque Ruth parcourut les magasins à la recherche d'une poupée qu'on pouvait changer de vêtements, elle se rendit à l'évidence qu'il n'y en avait pas sur le marché. Toutes les poupées n'étaient offertes qu'avec une seule robe. Elle se demanda alors ce qui pourrait bien empêcher de combiner les deux passe-temps favoris de sa fille. C'est alors qu'elle créa la poupée et qu'elle nomma, comme sa fille, Barbie.

George de Mestrel se rendit un jour à la chasse avec son chien. De retour à la maison, il remarqua que son chien et lui était couverts d'un bon nombre de chardons qu'il trouva fort difficiles à enlever. Curieux, de Mestrel examina les plantes à travers une loupe pour en découvrir la raison. Les chardons étaient entièrement couverts de petits crochets qui s'attachaient à la fourrure et aux vêtements. De Mestrel réfléchit donc à quoi d'autre pourraient bien servir tous ces minuscules crochets et le résultat de sa réflexion conduisit au Velcro.

Dans chacun de ces exemples, on a trouvé une nouvelle application à des concepts qui existaient déjà.

Theodore Roosevelt s'est démarqué par une simple action au cours de son mandat en tant que Président des États-Unis; après que tout ce qu'il a accompli durant son terme présidentiel aura été oublié, la prochaine entente l'a inscrit dans l'Histoire comme étant une personne d'imagination.

Il mit en marche l'excavation du canal de Panama.

Chaque président, de Washington à Roosevelt, aurait pu commencer le creusage du canal et il aurait été terminé, mais un tel projet semblait être une entreprise si colossale qu'elle requérait non seulement de *l'imagination,* mais aussi une dose énorme de courage. Theodore Roosevelt avait les deux et, grâce à son génie, le peuple américain jouit des avantages du canal.

COMMENTAIRE

Plusieurs années plus tard, lorsqu'il fut nommé président des États-Unis alors que le pays traversait la période la plus difficile de son histoire, Franklin Delano Roosevelt se servit de son imagination pour renforcer sa confiance en lui-même. Il avait été un homme vigoureux et actif jusqu'à ce que la poliomyélite lui enlève l'usage de ses jambes. Pour un chef de file qui guidait le pays à travers la Grande Dépression et la Deuxième Guerre mondiale, la paralysie était un terrible spectre et il aurait été désastreux s'il avait permis à son handicap d'affecter son esprit.

Souvent, lorsqu'il était troublé et qu'il souffrait d'insomnie, Roosevelt s'imaginait sur une côte près de la maison de son enfance, debout dans la neige avec un traîneau. Il se voyait pousser sur le traîneau en dévalant la pente, négociant des virages, évitant des obstacles, et cela, jusqu'à ce qu'il atteigne le bas de la côte, se relevant, prêt à recommencer. Tel que son biographe, Doris Kearns Goodwin, le décrit, il était « rempli de bonne volonté imaginaire ».

À l'âge de quarante ans - l'âge auquel la personne moyenne commence à penser qu'elle est trop vieille pour entreprendre quelque chose de nouveau - James J. Hill travaillait encore comme opérateur de télégraphe au salaire de trente dollars par mois. Il n'avait pas de moyens financiers et n'avait pas d'amis qui pouvaient lui en procurer. Mais il possédait ce qui est encore plus puissant que l'un ou l'autre, c'est-à-dire de l'imagination.

Dans son imagination, il voyait un grand système de chemins de fer qui partirait du nord-ouest sous-développé et fournirait la possibilité d'unir les océans Atlantique et Pacifique. Son imagination était si vive qu'il fut capable de démontrer aux autres les avantages d'un tel système ferroviaire. J'insisterai donc sur la partie que la plupart des gens ne soulignent jamais : le système de la Great Northern Railway de Hill devint une réalité d'abord dans sa propre *imagination.* Cette voie ferroviaire fut construite de rails d'acier et de dormants de bois, tels que les autres chemins de fer, tout fut payé avec des fonds acquis presque de la même façon que le font toutes les autres entreprises du même genre. Mais si vous désirez entendre l'histoire véridique du succès de James J. Hill, il vous faut retourner à cette petite station de chemin de fer de campagne où il travaillait pour un salaire moyen à rassembler tous les éléments qu'il mettait en place afin d'ériger un chemin de fer puissant, avec des matériaux pas plus tangibles que les pensées qu'il organisait dans son *imagination.*

L'avenir appartient à ceux qui croient à la beauté de leurs rêves.

- Eleanor Roosevelt

Quelle puissance phénoménale que le pouvoir de l'*imagination*, l'atelier de l'âme dans laquelle les *pensées* sont tissées de chemins de fer, gratte-ciel, moulins, manufactures et toutes sortes d'autres manifestations de richesses matérielles.

Je considère que les pensées sont des choses;

elles sont dotées de corps, de souffle et d'ailes;

et pour cela nous les répandons pour emplir

le monde de résultats bons ou mauvais.

Ce que nous appelons notre pensée secrète

s'élance vers les endroits les plus éloignés de la terre,

laissant ses bénédictions ou ses malédictions,

comme des rails derrière elle, alors qu'elle s'en va.

Nous construisons notre avenir pensée après pensée,

pour le bien ou le mal, on ne le sait pas encore,

cependant, l'univers fut ainsi forgé.

La pensée est un autre nom du destin;

choisissez alors votre destinée et attendez,

car l'amour apporte l'amour et la haine apporte la haine.

-Ella Wheeler Wilcox

Si votre imagination est le miroir de votre âme, vous avez alors parfaitement le droit de vous tenir devant ce miroir et de vous percevoir tel que vous souhaitez être. Vous avez le droit de voir se refléter dans ce miroir magique, la résidence que vous avez l'intention de posséder, l'usine que vous avez l'intention de gérer, la carrière que vous voulez réussir, la situation dans la vie que vous voulez occuper. Votre imagination vous appartient. Utilisez-la. Plus vous l'utilisez, plus efficacement elle vous servira.

COMMENTAIRE

Vous avez appris que la puissance de l'autosuggestion vous rend tel que les pensées qui vous habitent. Si vous imaginez que vous n'avez pas d'imagination, cette faculté de grande valeur ne sera dédiée à rien d'autre que de créer des images de vous-même comme quelqu'un d'incapable de répondre à des occasions et à de nouvelles situations. À l'inverse, ce que vous devez faire est de vous imaginer comme étant quelqu'un à l'imagination fertile.

Procurez-vous un carnet de notes et gardez-le à votre portée. Si nécessaire, ayez-en un au travail et un à la maison. Dans ce carnet, aussi souvent que possible, écrivez toutes les idées qui vous viennent à l'esprit pour tout ce que vous pourriez faire différemment. Vous n'avez pas à savoir de quelle façon elles pourraient être faites différemment, mais seulement qu'une autre façon de faire est possible ou utile. Ces idées peuvent consister en de grandes choses ou alors de toutes petites, de la vie de tous les jours. Ne vous inquiétez surtout pas de sembler idiot ou d'inventer quelque chose uniquement pour écrire sur la page. Même le fait d'inventer une idée demande l'utilisation de votre imagination.

L'IMAGINATION CRÉE L'IMPOSSIBLE

Du côté Est du grand pont de Brooklyn, dans la ville de New York, un vieil homme gère une boutique de cordonnerie. Avant la construction du pont, lorsque les ingénieurs se mirent à arpenter et à identifier l'endroit des fondations de la grande structure d'acier qui allait être érigée, en secouant la tête, cet homme dit : « *Ça ne peut être fait!* »

Lorsque la construction du pont fut complétée, de la fenêtre de sa cordonnerie désuète, l'homme secoua la tête et se demanda : « *Comment ont-ils fait ça?* »

Il a vu le pont *pousser* devant ses yeux et, malgré cet état de fait, il manque quand même d'imagination pour analyser ce qu'il voit. L'ingénieur qui en a fait le plan l'a pourtant vu comme une réalité, et cela, bien avant qu'une seule pelletée de terre soit enlevée pour creuser les fondations. Le pont devint une réalité dans son imagination parce qu'il avait entraîné son *imagination* à concevoir de nouvelles combinaisons à partir de vieilles idées.

Dans une des villes de la côte de la Californie, tous les terrains qui pouvaient convenir à la construction ont été développés et utilisés. Sur un côté de la ville, il y avait des collines tellement à pic, inutilisables pour la construction, et de l'autre côté, le terrain était inexploitable parce qu'il était tellement bas que le ressac le recouvrait une fois par jour.

Un homme *d'imagination* arriva dans cette ville. Les gens d'imagination ont un esprit aiguisé et cet homme ne dérogeait pas à la règle. Le premier jour de son arrivée, il reconnut les possibilités d'y construire un projet immobilier très lucratif. Il fit une offre d'achat sur ces abruptes collines qui semblaient inutilisables à d'autres à cause de leur pente. Il fit également une offre d'achat sur le terrain qui était inutilisable à cause du ressac qui le recouvrait chaque jour. Il offrit un très bas prix parce que le terrain était perçu comme étant sans valeur véritable.

Avec quelques tonnes d'explosifs, il fit transformer ces collines escarpées en terrains exploitables. Il fit niveler le sol et transformer le tout en terrains prêts à construire; il fit transporter le surplus de terre sur les terrains marécageux et les fit élever au-dessus du niveau de la mer, les transformant ainsi en terrains utilisables.

Pour quelle raison réalisa-t-il un aussi gros profit?

Pour avoir fait déménager de la terre de là où elle n'était pas nécessaire dans un endroit où elle l'était! *Pour avoir mélangé de la terre inutile à de l'imagination!*

Les citoyens de cette petite ville accordèrent donc le crédit à cet homme d'avoir été un génie, et il en était un - le même type de génie que n'importe qui parmi eux aurait pu l'être s'ils avaient utilisé leur imagination, comme le fit cet homme.

COMMENTAIRE

Vous serez fréquemment confronté à des problèmes pour lesquels il ne semble y avoir aucune solution. Les quatre techniques suivantes, qui servent à orienter votre imagination, ont pour but de vous aider pour trouver des solutions dans votre quête de succès.

L'imagination vous aide à regarder une situation d'une nouvelle façon et à faire des rapprochements auxquels vous n'aviez pas pensé. Ces exercices ne vous présenteront sûrement pas des solutions d'un million de dollars, mais ils ont le pouvoir de stimuler votre esprit pour considérer de nouvelles approches.

Organiser une table ronde de conseillers : *La deuxième leçon relate l'histoire à propos d'un homme qui s'imaginait assis à une table, entouré de grands personnages à qui il voulait ressembler. Le but de ce groupe imaginaire de grands leaders est de demander à chacun de quelle façon il aborderait un problème particulier.*

Rechercher de l'inspiration au hasard : *Sélectionnez un livre d'inspiration, peut-être la Bible ou un livre de citations, ou l'autobiographie d'une personne que vous admirez. Ouvrez-le à n'importe quelle page et lisez la première phrase qui vous tombe sous les yeux.*

Tournez le monde à l'envers : *Dressez une liste des quatre ou cinq éléments dont se compose votre problème. Sous chacun, écrivez ce que pourrait être la situation opposée.*

Éloignez-vous : *Aussi étrange que cela puisse sembler parfois, concentrer son imagination sur un problème peut être un piège. Vous avez besoin d'un moyen pour vous libérer des limites mentales que vous avez créées. La clé est d'atténuer la pression pour donner à votre esprit une liberté que vous ne lui aviez pas accordée.*

Dans le domaine de la chimie, il est possible de mélanger deux ou plusieurs ingrédients chimiques dans de telles proportions que la simple action de les mélanger donne à chacun d'eux une énorme somme d'énergie qu'il ne possédait pas. Il est possible également de mélanger certains ingrédients chimiques dans des proportions telles que tous les ingrédients de la combinaison prennent une nature entièrement différente, tel que le H_2O, qui est un mélange de deux parties d'hydrogène et d'une partie d'oxygène, créant ainsi l'eau.

La chimie n'est pas le seul domaine dans lequel une combinaison de plusieurs matériaux différents peut être assemblée pour que chacun prenne une plus grande valeur ou que le résultat soit un produit entièrement étranger dans sa nature à celle de ses parties composantes. L'homme d'affaires qui fit sauter les collines inutiles de terre et de pierres et qui fit transporter le surplus de là où il était inutile jusqu'aux terrains inondables où il était nécessaire, procura à cette terre et à ces pierres une valeur qu'elles ne possédaient pas auparavant.

Une tonne de fer brute ne vaut pas grand-chose. Ajoutez à cette fonte brute du carbone, du silicone, du manganèse, du soufre et du phosphore dans des proportions précises et vous l'avez transformée en acier, qui est de bien plus grande valeur. Ajoutez d'autres substances, dans les bonnes mesures, incluant un travail spécialisé, et cette même tonne d'acier est transformée en ressorts de montres valant une petite fortune. Mais, dans tous ces processus de transformation, l'ingrédient qui possède la plus grande valeur est celui qui n'a aucune forme matérielle, et c'est l'imagination!

Sur un terrain reposent de grosses piles de briques, de bois, de clous et de verre. Dans leur forme présente, c'est tout à fait inutile, en plus d'être une nuisance et une offense pour la vue. Mélangez-les à l'imagination d'un architecte qui se fait aider d'ouvriers spécialisés et le tout devient une magnifique résidence valant son pesant d'or.

Je suis bien vivant, je le sais.
Je sais aussi que je n'ai rien eu à faire
pour ma venue sur terre
et que j'aurai peu à faire pour mon départ.
Donc, je ne m'inquiéterai de rien,
car les inquiétudes sont vaines.

Sur l'une des autoroutes entre New York et Philadelphie, il y avait un vieux bâtiment, une grange vétuste évaluée à moins de cinquante dollars. À l'aide d'un peu de bois de construction, de béton et d'imagination, cette vieille grange a été transformée en un magnifique magasin de pièces d'automobiles qui valait une petite fortune à l'homme qui l'a imaginé.

De l'autre côté de la rue de mon bureau, il y a une petite imprimerie qui ne rapporte presque rien à son propriétaire. Quelques rues plus loin se retrouve une des imprimeries parmi les plus modernes au monde, dont le propriétaire passe une partie de son temps à voyager et qui possède beaucoup plus d'argent qu'il ne pourra jamais en dépenser. Vingt-deux ans auparavant, ces deux imprimeurs étaient partenaires d'affaires.

Celui qui possède la grosse imprimerie avait eu l'intelligence de s'allier avec un autre homme qui savait mêler l'imagination à l'imprimerie. Cet homme d'imagination était un rédacteur publicitaire. Il apportait à l'imprimerie plus de travail qu'elle ne pouvait traiter. Cela étant dû au fait qu'il analysait le genre d'affaire de sa clientèle, en créant une publicité attrayante comportant des caractéristiques particulières à leur genre de commerce. Il pouvait alors leur fournir les facilités d'imprimerie nécessaires pour rendre un service adéquat. Cette imprimerie reçoit de très grosses rétributions monétaires pour sa créativité parce que l'imagination mêlée à l'imprimerie produit un résultat que la plupart des autres imprimeurs ne peuvent fournir.

Dans la ville de Chicago, le niveau d'un boulevard fut surélevé, ce qui fit diminuer la valeur d'une rangée de belles résidences parce que le trottoir fut élevé au niveau des fenêtres du premier étage. Pendant que les propriétaires se lamentaient sur leur malchance, un homme d'imagination acheta les propriétés pour un très bas prix. Il transforma le premier étage en espaces de bureaux et commerces et en retira un important revenu de location.

En lisant ces lignes, gardez à l'esprit tout ce qui a été mentionné au début de cette leçon, surtout que la chose la plus grande et la plus profitable que vous pouvez faire avec votre imagination, c'est de réorganiser de vieilles idées en nouvelles combinaisons.

En utilisant correctement votre imagination, elle vous aidera à convertir vos échecs et erreurs en actifs de grande valeur; cela vous mènera à la découverte d'une vérité connue seulement par les personnes qui utilisent leur imagination : les grands revers et malheurs de la vie ouvrent souvent la porte à des occasions en or.

L'un des meilleurs graveurs et parmi les mieux payés des États-Unis travailla d'abord comme facteur au service des postes. Un jour, dans un tramway, la chance lui sourit. Il se retrouva dans un accident dans lequel il perdit une jambe. La compagnie de tramways lui remit une compensation de 5 000 $ pour sa jambe. Grâce à cet argent, il paya son admission dans une école de formation et devint graveur. Son talent, en plus de son imagination, lui rapportait plus qu'il gagnait en tant que postier, lorsqu'il avait ses deux jambes. Il découvrit qu'il possédait de *l'imagination* quand il lui fut nécessaire de rediriger ses efforts, suite à cet accident.

Vous ne saurez jamais quelles sont vos capacités de réalisation tant que vous n'apprenez pas à combiner vos efforts avec votre imagination. Votre talent sans votre imagination ne vous rapportera pas beaucoup, mais cette même paire de mains correctement guidée par l'imagination peut vous faire gagner toute les richesses matérielles dont vous pouvez profiter.

Il existe deux façons de profiter de votre imagination. Vous pouvez développer cette faculté dans votre propre esprit, ou vous pouvez l'unir à d'autres personnes qui ont déjà développé la leur. Andrew Carnegie fit les deux. Non seulement fit-il usage de son imagination débordante, mais encore rassembla-t-il autour de lui un groupe d'autres hommes qui possédaient déjà cette qualité essentielle, car son *but clairement défini* dans la vie nécessitait des spécialistes dont l'imagination était fertile. Dans ce groupe d'hommes qui constitua le *cerveau collectif* de Andrew Carnegie, il y en avait dont l'imagination était plus spécialisée au domaine de la chimie. Il y en avait d'autres dans le groupe dont l'imagination était utilisée dans le domaine des finances. Il y en avait d'autres dont l'imagination était essentiellement concentrée dans la vente; l'un d'eux était Charles M. Schwab, qui a été cité comme étant le vendeur le plus brillant du personnel de Carnegie.

Si vous sentez que votre imagination personnelle est inadéquate, vous devriez former une alliance avec quelqu'un dont l'imagination est largement développée pour compenser votre manque. Il existe différentes formes d'alliance, par exemple, il y a l'alliance du mariage, celle d'une association d'affaires, l'alliance de l'amitié et l'alliance employeur-employé. Ce ne sont pas tous les travailleurs qui ont la capacité de servir leurs meilleurs intérêts s'ils étaient employeurs et ceux qui n'ont pas cette capacité peuvent quand même en profiter en s'alliant avec d'autres personnes qui possèdent de telles capacités d'imagination.

On dit que monsieur Carnegie fit plus de millionnaires chez ses employés que n'importe quel autre employeur dans le commerce de l'acier. Parmi eux, il y avait Charles M. Schwab qui démontra l'évidence du meilleur type d'imagination par son bon jugement de s'allier avec monsieur Carnegie. Ce n'est pas une disgrâce que d'être un employé. Au contraire, c'est une preuve que souvent c'est le côté le plus profitable d'une alliance, car les gens ne sont pas tous capables d'assumer la responsabilité d'être patron.

COMMENTAIRE

Des artistes tels que Michel-Ange ou Georgia O'Keefe sont reconnus pour leur imagination, mais l'essence de ce qu'ils faisaient est relativement simple : ils voyaient le monde comme personne d'autre ne l'avait fait avant eux et ils transposaient cette vision dans leur travail.

L'imagination refaçonne toujours le monde lorsque les gens relient des choses apparemment disparates. Une fois que la connexion est faite, elle peut sembler évidente, mais faire ces connexions apparemment évidentes a apporté la réussite à plusieurs personnes.

John D. Rockefeller était partenaire d'une affaire de raffinerie de pétrole à Cleveland, en Ohio. À ses débuts, la production de pétrole était un commerce extrêmement volatile. Le prix d'un baril fluctuait énormément. Déterminé à faire une réussite de son commerce, Rockefeller a réalisé que s'il ne pouvait pas contrôler le prix du pétrole, il pouvait à tout le moins s'aider en contrôlant les coûts de production. Il mit sur pied une opération de construction de barils qui diminua les coûts de plus de 60 %. Cette décision fut si profitable qu'il commença à analyser les autres aspects de son entreprise qu'il pouvait contrôler. Rapidement, il posséda des gazoducs et des puits de pétrole, en même temps que des raffineries. Il avait créé la première entreprise verticale, qui pouvait subvenir à ses propres besoins. Elle devint la Standard Oil.

Vous devez apprendre à diriger votre imagination et à agir ensuite en fonction des bonnes idées que vous développez. Ce n'est pas un processus qui naît instantanément; une idée d'un million de dollars n'émergera pas de votre esprit simplement parce que vous le désirez. Chez la plupart des gens, l'imagination est handicapée pour deux raisons : premièrement, elle n'est habituellement pas dirigée. Elle passe du coq à l'âne, menée par les circonstances. Aujourd'hui, votre imagination peut être stimulée par un film que vous avez vu, demain par le grand titre d'un quotidien et le surlendemain par un bout de conversation que vous avez entendue au hasard. Sa puissance est dispersée. Ou, deuxièmement, elle peut être l'esclave d'une des six peurs de base, créant des visions de maladie rare et redoutable, d'un désastre au travail ou d'une trahison amoureuse. Dans de telles situations, vos pouvoirs travaillent, mais seulement à vos dépens.

Mais si vous commencez à diriger votre imagination, il ne faudra que peu de temps pour que jaillissent plusieurs petites idées d'une utilité surprenante. En commençant à appliquer ces idées, votre confiance en votre imagination et, conséquemment, en vous-même, grandira.

Il existe de nombreux livres papier et audio spécialement destinés à vous aider à stimuler votre imagination et à trouver des solutions à vos problèmes. En voici quelques-uns qui vous aideront à exploiter votre créativité et votre imagination. Super Creativity de *Tony Buzan*; The Artist's Way de *Julia Cameron*; Lateral Thinking, Six thinking hats *et* Super Thinking *d'Edward De Bono*; Drawing on the Right Side of the Brain *de Betty Edwards*; The Zen of Seeing *de Frederick Franck*; Writing Down the Bones *de Natalie Goldberg*; Peak Learning *de Ronald Gross*; Thinkertoys *de Michael Michalko*; Superlearning *de Sheilah Ostrander* et *Lynn Schroeder*; Writing the Natural Way *de Gabriele Rico*; A Kick in the Seat of the Pants *de R. Von Oech. Il existe également plusieurs programmes en-ligne conçus pour stimuler de nouvelles idées et votre créativité.*

Peut-être qu'il n'y a aucune discipline dans laquelle l'imagination joue un rôle aussi important que dans le domaine de la vente. Le maître vendeur voit d'abord les mérites des marchandises qu'il vend ou des services qu'il rend dans son imagination; et s'il échoue à le faire, il n'arrivera pas à conclure de vente.

Il y a plusieurs années, une vente fut reconnue comme ayant eu la plus grande portée jamais réalisée et la plus importante dans son genre. L'objet de la vente était non pas des marchandises, mais la liberté d'un homme qui était incarcéré au pénitencier de l'Ohio, ainsi que du changement de la réforme du système carcéral qui permettrait un changement radical dans la façon dont les prisonniers étaient traités et qui était enchevêtré dans les filets de l'engrenage de la loi.

L'IMAGINATION ET LA PERSUASION

Afin que vous puissiez observer de quelle façon l'imagination joue le rôle le plus important dans le domaine de la vente, j'analyserai cette vente en offrant des excuses sincères pour les références personnelles qui ne peuvent être évitées, et cela, sans détruire une grosse partie de la valeur de l'exemple.

Il y a quelques années, je fus invité à parler devant les prisonniers du pénitencier de l'Ohio. Une fois arrivé au podium, je vis un homme dans l'auditoire que j'avais connu il y avait déjà plus de dix ans en tant qu'homme d'affaires ayant réussi. Le nom de cet homme était B____, dont le pardon fut accordé plus tard et dont l'histoire de la libération a été publiée en page frontispice de tous les journaux de l'Amérique des États-Unis.

À la fin de ma conférence, j'ai pu interviewer cet homme. J'ai alors constaté qu'il avait reçu une sentence de vingt ans pour contrefaçon. Après avoir entendu son histoire, je lui dis : « Je vous ferai sortir d'ici en moins de soixante jours! »

Un sourire forcé sur son visage, il me répondit : « J'admire votre esprit, mais je me pose des questions quant à votre jugement. Pourquoi croyez-vous qu'au moins vingt hommes d'affaires influents ont essayé tous les moyens possibles afin d'obtenir ma libération, et cela, sans succès? *Ça ne peut être fait!* »

Je suppose que c'est cette dernière remarque qui me défia à lui prouver qu'il était possible d'y arriver. Je retournai à New York et demandai à ma femme de préparer ses valises et de se rendre disponible pour un séjour illimité dans la ville de Columbus, Ohio, là où est situé le pénitencier.

J'avais en tête un *but clairement défini!* Ce but était de faire libérer cet homme du pénitencier. Non seulement avais-je en tête sa libération, mais j'avais l'intention de le faire de manière telle qu'elle effacerait la marque au fer rouge de prisonnier imprimée sur son cœur et, en même temps, refléterait la reconnaissance envers tous ceux qui avaient aidé pour sa libération.

Je n'ai jamais douté que j'arriverais à obtenir sa libération, car aucun vendeur ne peut conclure une vente s'il doute de pouvoir y arriver. Mon épouse et moi sommes retournés à Columbus et y avons établi nos quartiers généraux.

Le jour suivant, je pris rendez-vous avec le gouverneur de l'Ohio et lui annonçai le but de ma visite en ces termes :

« Monsieur le Gouverneur, je suis venu vous demander la libération de monsieur B____ du pénitencier de l'Ohio. J'ai d'excellentes raisons pour demander cette remise en liberté et j'espère que vous la lui accorderez sans délai. Je tiens à vous souligner que je vais rester jusqu'à ce qu'il soit libéré, quel que soit le temps qu'il faudra.

« Durant sa détention, monsieur B____ a inauguré un système de cours par correspondance offert aux prisonniers, comme vous le savez probablement. Il a influencé à suivre ce cours 1 729 des 2 518 prisonniers. Il a réussi à obtenir une quantité suffisante de manuels et de matériel pédagogique pour garder l'intérêt de ces hommes à poursuivre leurs leçons, et cela, sans recevoir aucun remboursement monétaire des dépenses qu'il a faites de l'État de l'Ohio. Le directeur et l'aumônier du pénitencier m'ont dit qu'il a toujours observé les règlements du centre d'incarcération. Il est certain qu'un homme qui peut influencer autant de personnes à investir des efforts dans le but de s'améliorer elles-mêmes ne peut pas être une mauvaise personne.

« Je suis donc venu vous demander de libérer B____ parce que je souhaite lui offrir de devenir le directeur d'une école pour prisonniers qui offrira aux 160 000 détenus des autres pénitenciers des États-Unis une occasion de profiter de son influence. Je suis prêt à me rendre responsable de sa conduite une fois qu'il sera libéré.

« Voilà le cas que je voulais vous exposer. Mais, avant que vous me répondiez, je tiens à ce que vous sachiez que je ne suis pas sans savoir que vos ennemis vont certainement vous critiquer si vous accédez à ma demande; bien sûr, en le libérant, lors des prochaines élections au poste de gouverneur, il est fort probable que votre décision vous coûte plusieurs votes. »

Les poings serrés, le gouverneur Vic Donahey me répondit sur un ton bien déterminé : « Si c'est ce que vous désirez pour B____, je le libérerai même si cela me coûtait cinq mille votes. Toutefois, avant de signer sa clémence, vous devrez rencontrer le comité des libérations et obtenir leur appui. Il faudra aussi obtenir une recommandation favorable du directeur et de l'aumônier du pénitencier. Comme gouverneur, je suis soumis au jugement de l'opinion publique, vous le savez probablement, et ces hommes sont les représentants de cette opinion. »

La vente était conclue! Et la transaction avait été réglée en moins de cinq minutes.

Le jour suivant, je suis retourné au bureau du gouverneur, accompagné de l'aumônier du pénitencier et je fis savoir au gouverneur que le comité des libérations, le directeur de la prison ainsi que l'aumônier adhéraient tous à ma recommandation de libération. Trois jours plus tard, la clémence était signée et B____ traversait la lourde porte de métal en homme libre.

Je vous ai mentionné toutes ces précisions afin que vous compreniez qu'il n'y avait rien de difficile à effectuer cette demande. Le travail préparatoire en vue de cette libération avait été préparé avant que j'entre en scène. B_____ avait réussi cela par sa bonne conduite et le service qu'il avait rendu à ces 1 729 prisonniers. Quand il créa le premier système au monde de cours par correspondance dans les prisons, il créa en même temps la clé qui déverrouilla les portes de la prison pour lui-même.

Pourquoi, alors, les autres personnes qui avaient demandé la libération de B____ avaient-elles échoué dans leur entreprise? Parce qu'ils n'ont pas utilisé leur imagination!

Bien sûr, ils demandèrent au gouverneur la libération de B_____ en utilisant le motif que ses parents étaient des gens bien en vue ou qu'il était diplômé d'une grande institution et, somme toute, un bon garçon. *Ils échouèrent pourtant à fournir au gouverneur un motif suffisamment fort pour justifier son pardon*, car s'il n'en avait pas été ainsi, il aurait sans aucun doute libéré B____ bien longtemps avant que je n'entre en scène et plaide sa cause.

Avant de rencontrer le gouverneur, j'ai vérifié tous les faits et dans mon imagination, je me suis imaginé être dans les souliers du gouverneur et j'ai planifié la sorte de présentation qui me convaincrait le mieux, et cela, si j'étais à sa place.

Quand j'ai demandé la libération de B____, je l'ai fait aussi au nom des 160 000 malheureuses personnes incarcérées dans les prisons des États-Unis qui jouiraient des bienfaits de ce cours par correspondance qu'il avait judicieusement créé. Je n'ai pas vanté ses parents ni souligné mon amitié avec lui durant les années antérieures.

Je n'ai rien dit du fait qu'il était une bonne personne. Tous ces motifs auraient pu être utilisés comme raisons valables en vue de sa libération, mais elles semblaient insignifiantes lorsqu'elles étaient comparées au grand but de cette libération, celui d'aider 160 000 autres personnes à profiter de l'influence de son cours par correspondance après sa libération.

Quand le gouverneur de l'Ohio prit sa décision, je n'ai pas douté que B____ n'avait eu qu'une importance secondaire quant à la raison qui la motivait. Le gouverneur a certainement vu un avantage possible, non pour B____ seulement, mais pour les 160 000 hommes et femmes qui avaient besoin de l'influence que B____ pourrait fournir, s'il était libéré.

Et cela était de l'imagination!

Cette histoire met vraiment en valeur l'art de la vente! Une fois terminé, en parlant de l'incident, l'un des hommes qui avait travaillé activement pendant plus d'un an à tenter d'obtenir la clémence de B____ me demanda :

« *Comment avez-vous fait?* »

Ma réponse fut celle-ci : « Ce fut la mission la plus facile que j'aie jamais effectuée parce que la plus grande partie du travail avait été faite bien avant mon arrivée. À vrai dire, je n'ai pas fait grand-chose. C'est à B____ que revient tout le mérite. »

Perplexe, cet homme n'a pas compris ce que j'essaie d'éclaircir ici : presque toutes les tâches difficiles se réalisent aisément lorsqu'une personne les aborde sous le bon angle. Deux facteurs importants étaient considérés dans la libération de B____. Le premier était que B_____ avait préparé et fourni tous les documents pour que sa demande de liberté soit crédible avant que je ne m'engage, et le second était qu'avant d'entrer en contact avec le gouverneur, j'étais totalement convaincu que j'étais en droit de réclamer la libération de B____ que je n'ai eu aucune difficulté à présenter mon dossier avec efficacité.

> **LE VRAI VOYAGE DE LA DÉCOUVERTE NE CONSISTE PAS TANT À RECHERCHER DE NOUVEAUX PAYSAGES, MAIS DE VOIR AVEC UN REGARD DIFFÉRENT.**
>
> *-Marcel Proust*

Retournez à ce qui a été dit au commencement de cette leçon au sujet de la télépathie et appliquez-le à ce cas. Le gouverneur pouvait dire que je savais que j'avais un *cas solide* bien avant lui avoir exposé le but de ma mission. Si mon cerveau n'avait pas télégraphié cette pensée au sien alors, la confiance en moi qu'il a pu lire dans mes yeux et le ton positif de ma voix ont rendu évidente ma croyance indéniable dans la valeur de mon cas.

Une fois de plus, je m'excuse d'avoir utilisé ces références personnelles. J'ai utilisé cet exemple parce que toute l'Amérique était familière avec le cas de B_____ que j'ai décrit précédemment. Je n'accepte aucun crédit pour le petit rôle que j'ai joué dans cette libération, car je n'ai rien fait d'autre que d'utiliser mon imagination pour assembler les divers éléments à partir desquels la vente a été faite. Je n'ai rien fait excepté ce que tout vendeur imaginatif aurait pu faire.

Je ne peux me souvenir d'un seul autre incident au cours de toute ma vie qui a autant prouvé la pertinence des dix-sept facteurs qui entrent dans ce cours qui s'est manifesté de façon plus évidente que lorsque j'ai obtenu la libération de B____.

Ce n'est qu'un autre maillon d'une longue chaîne d'évidences qui prouve à mon entière satisfaction la puissance de l'imagination en tant que facteur important dans l'art de la vente. Il y a une quantité infinie d'approches pour chaque défi, mais il n'y en a qu'*une seule* qui soit la meilleure. En la trouvant, vous aurez ainsi résolu votre défi. Peu importe les avantages que vos produits peuvent avoir, il existe des millions de *mauvaises* façons de les offrir. C'est grâce à votre imagination que vous trouverez la *bonne* façon.

Lorsque vous rechercherez la *bonne* façon pour offrir vos produits ou vos services, souvenez-vous de cette particularité de la nature humaine :

Les gens vous accorderont des faveurs que vous demandez au nom d'une tierce partie, alors qu'ils vous les refuseraient si vous les demandiez pour votre avantage personnel.

Comparez cet énoncé avec le fait que j'ai demandé au gouverneur de libérer B____ non en tant que faveur personnelle, et pas plus que pour B____ , mais dans le but de bénéficier aux 160 000 personnes incarcérées dans les prisons d'Amérique.

Les représentants *imaginatifs* offrent toujours leurs produits en des termes tels que les avantages de ces articles pour le client sont évidents. Il est rare qu'une personne fasse des achats ou rende un service à quelqu'un d'autre que pour accommoder le représentant. C'est là un trait évident de la nature humaine qui nous stimule à toujours faire ce qui comble nos intérêts personnels. Il s'agit donc d'un fait indéniable, mais peu réjouissant. Néanmoins, les idéalistes disent le contraire.

Il faut bien se rendre à l'évidence*, les gens sont égoïstes!*

Comprendre cette vérité, c'est comprendre la façon de faire votre présentation, que ce soit une demande de libération d'une personne emprisonnée ou la vente d'un quelconque produit. Dans votre imagination, planifiez votre présentation de telle sorte que soient clairs pour l'acheteur les avantages les plus captivants et les plus importants.

C'est ça, l'imagination!

SEULEMENT LES PASSIONS, DE GRANDES PASSIONS, PEUVENT ÉLEVER L'ÂME VERS DE GRANDS ACCOMPLISSEMENTS.

-Denis Diderot

Un fermier déménagea à la ville, amenant avec lui son chien berger qu'il avait bien entraîné. Rapidement, il se rendit compte que la ville n'était pas un endroit idéal pour le chien; il décida donc de s'en départir. Il se rendit à la campagne avec le chien où il frappa à la porte d'un fermier. Un homme se présenta en clopinant, s'appuyant sur des béquilles. Le propriétaire du chien salua le fermier en ces mots :

« Vous ne voudriez pas acheter un beau chien berger dont je veux me défaire, n'est-ce pas? »

Le fermier répliqua : « *Non!* » et lui ferma la porte au nez.

Le propriétaire du chien visita une demi-douzaine d'autres fermes, posant la même question et recevant toujours la même réponse. Il se fit à l'idée que personne ne désirait son chien et rebroussa chemin. Plus tard, il raconta sa tentative infructueuse à une personne d'imagination. Cet homme comprit rapidement la façon dont s'était pris le propriétaire du chien pour se "débarrasser" de lui.

« Permettez-moi de vous libérer de votre chien », dit l'homme d'imagination. Le propriétaire accepta d'emblée. Le jour suivant, l'homme d'imagination se rendit à la campagne avec le chien et s'arrêta à la première ferme que le propriétaire du chien avait visitée la veille. Le même vieil homme boitillant sur ses béquilles répondit quand il frappa à la porte.

L'homme d'imagination s'adressa au fermier de cette façon :

« Je constate que vous avez des problèmes de rhumatisme. J'en conclus que vous avez besoin d'un chien à l'esprit vif qui vous aidera à faire vos tâches. Ce chien a été entraîné à ramener les vaches à la ferme, à chasser les animaux sauvages, à rassembler les moutons et à accomplir d'autres services utiles. Vous pouvez posséder ce chien pour cent dollars. »

« Très bien, dit-il, je le prends! »

Cela aussi était de l'imagination.

La plupart des gens aimeraient posséder un chien qui surveillerait les moutons, ramènerait les vaches à l'étable et rendrait d'autres services utiles. Le chien était le même que le fermier avait refusé la veille, mais l'homme qui vendit le chien n'était pas le même qui avait essayé de "s'en débarrasser". En utilisant votre *imagination,* vous comprendrez que personne ne veut quelque chose dont un autre veut se "débarrasser".

Rappelez-vous de ce qui a été dit à propos de la loi de l'attraction qui enseigne que « les semblables s'attirent ». Si vous semblez être et agissez comme un perdant, vous n'attirerez rien d'autre que des revers.

Quelle que soit votre mission vie, elle réclame l'usage de votre imagination.

Les chutes du Niagara n'étaient qu'une énorme masse d'eau rugissante jusqu'à ce qu'une personne d'imagination décide de les utiliser pour transformer l'énergie gaspillée en électricité, ce qui crée de nos jours une alimentation électrique dans l'industrie. Avant que cet homme d'imagination se présente, des millions de gens avaient vu et entendu ces chutes impressionnantes, mais manquèrent d'imagination pour les transformer en quelque chose d'utile pour ses pairs.

Le premier club Rotary du monde prit d'abord forme dans l'imagination fertile de Paul Harris, de Chicago. Dans son esprit, il vit un moyen efficace de développer une clientèle potentielle et, en même temps, développer sa notoriété. L'éthique de sa profession défendait la publicité commerciale. L'imagination de Paul Harris perçut un moyen d'agrandir sa pratique légale, et cela, sans publicité conventionnelle.

Si la malchance vous assaille occasionnellement, souvenez-vous que vous pouvez l'endiguer et faire de telle sorte qu'elle vous amène à votre *but clairement défini* par l'utilisation de votre imagination. Un cerf-volant s'élève contre le vent - non avec lui!

> **RIEN DANS LA VIE N'EST PLUS ENIVRANT ET GRATIFIANT QU'UNE PENSÉE SOUDAINE QUI VOUS AIDE À CHANGER, MAIS QUI SURTOUT, VOUS REND UNE MEILLEURE PERSONNE.**
>
> *-Arthur Gordon*

Docteur Frank Crane était un prédicateur de troisième catégorie, jusqu'à ce que ses revenus de crève-faim le forcèrent à utiliser son imagination. Il en vint à gagner plus de cent mille dollars par année à écrire des essais, et cela, qu'une seule heure par jour.

Woolworth était un commis pauvrement payé dans un magasin de détail - peut-être était-ce dû au fait qu'il n'avait pas encore découvert l'usage de son imagination? Avant son décès, il fit bâtir le plus grande édifice au monde et, grâce à son imagination, érigea partout aux États-Unis ses magasins à bas prix.

Vous remarquerez, en faisant l'analyse de ces exemples, qu'une étude approfondie de la nature humaine joua une partie importante dans chacune des réalisations mentionnées. Pour utiliser votre imagination de façon profitable, vous devez vous assurer qu'elle vous procure une clairvoyance en raison des motifs qui stimulent les gens à poser ou non une action précise. Si, grâce à votre imagination, vous arrivez à comprendre la rapidité avec laquelle les gens vous accordent l'objet de vos désirs lorsque ceux-ci concordent avec leurs intérêts personnels, vous pouvez alors obtenir pratiquement tout ce que vous désirez.

COMMENTAIRE

L'histoire de David Lloyd nous procure non seulement un exemple d'utilisation de l'imagination, mais également une façon de soutenir l'intérêt personnel d'une personne. Elle prouve également la valeur d'aller jusqu'au bout.

L'Afro-Américain David Lloyd grandit dans une petite ville d'Alabama, où très peu de Noirs possédaient un commerce, et n'avait qu'une éducation de niveau secondaire. Lors d'un voyage à San Diego, en Californie, il vit l'océan pour la première fois, ainsi qu'une marina remplie de bateaux.

Lloyd était fasciné. Il se trouva un emploi dans une entreprise de réparation de yachts. Son enthousiasme envers son travail et son engagement à bien le faire lui gagnèrent rapidement l'attention des propriétaires des plus beaux bateaux de San Diego et il fut bientôt submergé d'offres de travail indépendant.

Lloyd y vit une occasion. Un très beau bateau accosté à la marina avait un besoin évident de travail. Lloyd offrit au propriétaire du bateau de le réparer pour le seul coût des matériaux s'il acceptait qu'il prenne des photos avant et après les réparations dans le but de les montrer à des clients potentiels.

Lloyd aurait fort bien pu être embauché de toute façon pour réparer le yacht, mais il alla plus loin en offrant au propriétaire de faire le travail gratuitement. Celui-ci accepta et Lloyd obtint ses photos. Mais, encore plus important, il impressionna à ce point le propriétaire que celui-ci commença à le référer à d'autres avec pour résultat que Lloyd put éventuellement compter plus de cinquante clients.

Son commerce florissait si rapidement qu'il peinait à respecter toutes les échéances. Malgré cela, il continuait d'acquérir les habiletés nécessaires à son travail. Il lisait des livres sur des sujets tels que les bases de la comptabilité ou la finition des vernis. Il reçut enfin une attestation qui lui permit de soumissionner pour des contrats fort lucratifs pour des avions et des navires de croisière.

Dès lors, Lloyd vit son entreprise croître jusqu'à devenir la plus grande et la plus fructueuse des compagnies de construction navale et de réparations du pays. Il travaillait pour des clients tels que General Dynamics, Exxon et la Marine américaine. Il était toujours désireux à déployer plus d'efforts, en utilisant son imagination pour démontrer son sens de l'initiative et de la direction.

Je vis mon épouse faire une vente très convaincante à notre enfant. Le bébé frappait le dessus de notre bibliothèque en acajou avec une cuillère. Lorsqu'elle lui demanda de la lui remettre, bien sûr, le bébé refusa. Étant une femme d'imagination, elle offrit à l'enfant un bonbon rouge; il lâcha la cuillère sans délai et dirigea son attention sur un objet qui était plus attrayant à ses yeux.

Voilà de l'imagination! C'était aussi l'art de la vente en action. Elle atteint son but, et cela, sans pour autant insister.

Il y a une forme d'imagination contre laquelle je désire attirer votre attention. C'est celle qui incite à imaginer qu'il est possible d'obtenir quelque chose pour rien, ou qu'il est également possible de se tailler une place dans le monde sans respecter les droits des autres. Il y a des milliers de prisonniers dans les institutions carcérales des États-Unis; pratiquement chacun de ces détenus est emprisonné parce qu'il a imaginé pouvoir obtenir quelque chose pour rien.

Un homme incarcéré au pénitencier de l'Ohio qui a purgé une peine de plus de trente-cinq ans pour contrefaçon, la plus grosse somme qu'il tira de son mauvais usage de son imagination fut de douze dollars.

Il y a des gens qui dirigent leur imagination dans de vaines tentatives, c'est-à dire dans le but de découvrir une manière de faire une démonstration de ce qui arrive quand « un corps inébranlable entre en contact avec une force irrésistible », mais ce genre de personnes appartiennent aux hôpitaux psychiatriques.

Il y a aussi une autre forme d'imagination mal utilisée qui est celle d'un jeune garçon ou fille qui en sait plus à propos de la vie que ses parents. Mais cette forme est sujette à rectification avec le temps. Mes enfants m'ont enseigné davantage que mon père a tenté de m'enseigner, sans résultat, quand j'avais leur âge.

Temps et imagination (qui n'est souvent que le résultat du temps) nous enseignent plusieurs choses, mais rien de plus important que ceci : *La plupart de nous se ressemblent de multiples façons.*

Si vous étiez représentant et que vous vouliez savoir ce à quoi pense votre client, étudiez-vous et imaginez à quoi vous penseriez si vous étiez à sa place.

Étudiez-vous, découvrez ce que sont les motivations qui vous inspirent afin d'accomplir certaines actions et qui vous empêchent d'exécuter d'autres actions. Vous aurez fait un long bout de chemin en relation avec votre amélioration personnelle grâce à l'usage adéquat de l'imagination.

Le plus gros atout que possède un détective est son imagination. La première question qu'il pose, lorsqu'on lui demande de résoudre un crime, c'est : « *Quel en était le motif?* » S'il peut le découvrir, il peut alors aisément découvrir l'auteur du crime.

Un homme qui avait perdu un cheval afficha une promesse de récompense de cinq dollars pour le retrouver. Plusieurs jours plus tard, un garçon qualifié de « faible d'esprit » ramena le cheval à son maître et réclama la récompense. Le propriétaire était curieux de connaître la façon dont le garçon avait retrouvé le cheval. « Qu'avez-vous fait pour le retrouver? » demanda-t-il. Le garçon répondit : « J'ai juste pensé où je serais allé si j'étais un cheval. Je m'y suis rendu; il était là. » Pas si mal pour un « faible d'esprit ». Certains, qui ne sont pas accusés d'être pauvres d'esprit, traversent la vie sans pour autant démontrer une imagination aussi évidente.

Si vous désirez savoir ce que l'autre personne fera, utilisez votre imagination. Mettez-vous à sa place et découvrez ce que vous feriez. Voilà ce qu'est de l'imagination.

Chacun de nous devrait être rêveur. Chaque entreprise a besoin du rêveur. Chaque industrie, chaque profession a besoin de lui. Le rêveur doit aussi être un entrepreneur, ou encore, il doit former une association avec quelqu'un qui peut et va traduire les rêves en réalités.

UNE FOIS ÉTIRÉ PAR UNE NOUVELLE IDÉE, L'ESPRIT D'UN ÊTRE HUMAIN NE RETROUVE JAMAIS SES DIMENSIONS ORIGINALES.

-Oliver Wendell Holmes

IMAGINATION ET ACTION

La plus grande nation sur cette Terre a été conçue, est née et a été élevée dès ses débuts grâce à l'imagination des gens qui ont su combiner rêves et action!

Votre esprit est apte à créer plusieurs nouvelles et utiles combinaisons à partir de vieilles idées, mais le plus important est qu'il peut créer un but clairement défini qui vous procurera ce que vous désirez le plus.

Votre but clairement défini peut être rapidement transposé en réalité après que vous l'avez en premier créé dans votre imagination. Si vous avez fidèlement suivi les instructions de la leçon 2 pour votre gouverne, vous êtes maintenant bien positionné sur la route du succès, parce que cela signifie que vous savez ce que vous désirez et que vous avez un plan pour le réaliser.

La bataille pour l'accomplissement du succès est à moitié gagnée lorsqu'une personne sait définitivement ce qu'elle veut. Quel que soit le projet, il faut combattre; toutefois, ce n'est pas le cas pour celui qui sait ce qu'il désire et qui a pris une ferme décision de l'obtenir, quel qu'en soit le prix.

Le choix d'un but clairement défini demande l'usage à la fois de l'imagination et de l'esprit de décision! La puissance de l'esprit de décision croît avec l'usage. Une décision prompte à forcer *l'imagination à* créer un *but clairement défini* renforce la capacité de prendre des décisions dans d'autres domaines.

Les adversités et les défaites temporaires sont généralement des bénédictions déguisées, car elles forcent quelqu'un à utiliser autant son *imagination* que son esprit de décision. Voilà pourquoi chacun de nous livre habituellement une meilleure bataille quand il est acculé au mur et qu'il ne connait pas de porte de sortie pour se défiler. Nous prenons donc la décision de nous battre plutôt que de fuir.

COMMENTAIRE

Ben Nighthorse Campbell avait l'habitude d'essuyer les refus, mais il trouvé des moyens imaginatifs de les contourner. Campbell avait connu une enfance difficile dans différents foyers nourriciers. Il avait abandonné l'école secondaire pour joindre l'armée de l'air. Par la suite, il a terminé son école secondaire et s'est rendu au Japon pour étudier le judo. Il a gagné une médaille d'or aux Jeux panaméricains de 1963 et il fut nommé capitaine de l'équipe olympique américaine un an plus tard à Tokyo. Il retourna aux États-Unis au cours de la même année.

Durant son séjour au Japon, il avait appris une technique de fabrication de bijoux qui pouvait être utilisée dans les arts traditionnels des Amérindiens. Même si le père de Campbell était peu disposé à accepter ses racines, il avait tout de même transmis à son fils l'art de la fabrication de bijoux. Grâce aux nouvelles techniques qu'il avait acquises, Ben se mit à exécuter ses propres créations et à les présenter dans des expositions.

Lorsque ses bijoux gagnèrent en popularité, Campbell se mit à explorer davantage ses racines. Son engagement envers son héritage le conduisit en politique. Il fut sélectionné en tant que candidat pour la Chambre des représentants du Colorado. Quatre ans plus tard, il en était le seul Amérindien élu. En 1994, il devint le deuxième Amérindien à être élu au Sénat des États-Unis.

Campbell crée toujours des bijoux et est devenu un artiste parmi les plus populaires du pays. Malgré toutes les circonstances de sa vie où on lui a conseillé fortement d'ignorer ou d'oublier ses aspi-

rations, il a été stimulé par son imagination à entrevoir des possibilités là où d'autres ne percevaient que des limitations.

John H. Johnson en est un autre qui s'avéra devenir un succès, car pour lui, non, n'était pas une réponse. En 1939, Johnson était l'éditeur du magazine The Guardian, *périodique de la plus grosse compagnie d'assurance-vie en Amérique, la Supreme Liberty, qui s'adressait tout spécialement aux Afro-Américains. Ce magazine publiait des nouvelles positives à propos des Noirs dans le but d'édifier les employés de la compagnie.*

Johnson réalisa que le service que rendait le magazine auprès des employés de la compagnie devait nécessairement l'être pour tous et partout. Le respectable éditeur du magazine The Crisis, *qui visait l'avancement des Noirs, lui dit : « Épargne ton argent, jeune homme. Épargne ton énergie et tu t'éviteras beaucoup de déceptions. » Johnson se tourna alors vers un banquier afin d'obtenir du capital pour lancer le magazine, qui lui dit : « Jeune homme, nous ne prêtons pas d'argent aux Noirs. »*

Mais la détermination de Johnson eut raison de la réticence des dirigeants de la compagnie d'assurance, qui lui remirent leur liste de 20 000 noms. En novembre 1942, le premier numéro du Negro Digest *était vendu dans les kiosques à journaux. Il reproduisait des articles de personnages très appréciés tels que Carl Sandburg et le directeur de la NAACP* (Association nationale pour l'avancement des Noirs).

En moins d'un an, le Negro Digest *incluait des articles originaux provenant de personnes aussi célèbres que la Première dame des États-Unis, Eleanor Roosevelt. La réussite du* Negro Digest, *procura ainsi à Johnson l'argent nécessaire à la poursuite de projets encore plus grands, notamment le lancement en 1945 du magazine* Ebony.

Il savait que s'il parvenait à dénicher un commanditaire de renom, cela l'aiderait à garder son entreprise à flot. Il songea à la compagnie Zénith, établie à Chicago, et mettant sa vive imagination à profit, il prit tous les moyens pour convaincre les dirigeants de devenir ses commanditaires.

Le président de Zénith, Eugene McDonald, était connu pour avoir voyagé au Pôle Nord. Johnson décida donc de se servir de l'intérêt de McDonald pour l'aventure pour tenter de le convaincre. Il fit donc paraître un article de Matthew Henson, un Noir qui s'était rendu au Pôle Nord bien avant Robert Peary, aussi reconnu pour avoir accompli cet exploit. Lorsque Johnson se présenta au bureau de McDonald, il remarqua une paire de bottes, conçues expressément pour la neige, qui étaient accrochées au mur, un cadeau de Henson à McDonald. Il n'eut pas de difficulté à convaincre McDonald que le magazine Ebony *était une bonne cible publicitaire.*

Au cours des vingt années qui suivirent, Johnson poursuivit sa campagne, qui avait pour but d'intéresser les grandes entreprises à la communauté noire. Ses opérations publicitaires furent fructueuses et au milieu des années 1960, Johnson était membre du bureau de direction d'entreprises telles que Zénith et de la Twentieth Century-Fox. En 1982, il fut la première personne de race noire à apparaître au sommet de la liste des personnes les plus riches en Amérique du Forbes 400.

Dr Harper, ex-président de l'Université de Chicago, a été le président le plus efficace parmi tous les présidents de son époque. Il était doué pour mettre sur pied de grosses levées de fonds. C'est lui qui influença John D. Rockefeller pour qu'il donne des millions de dollars pour soutenir l'Université de Chicago.

Il vous serait utile d'étudier la technique du Dr Harper parce qu'il était un des plus grands leaders. De plus, il m'a d'ailleurs confirmé que son leadership n'a jamais été une question de chance ni d'imprévu, mais toujours le résultat d'une procédure soigneusement planifiée.

L'incident suivant servira à démontrer de quelle façon Dr Harper utilisait son imagination pour arriver à amasser de grosses sommes d'argent.

Dr Harper avait besoin d'un million de dollars supplémentaire pour ériger un nouvel édifice. En analysant les hommes riches de Chicago à qui il pourrait s'adresser pour obtenir une telle somme, il en choisit deux, chacun étant millionnaire, et tous les deux étaient des ennemis jurés.

L'un des deux était à la tête du système de tramways des rues de Chicago. Choisissant l'heure du lunch, lorsque les employés de bureau, et particulièrement son adjointe, seraient sortis, Dr Harper nonchalamment se présenta à son bureau. Ne trouvant personne à la réception pour l'empêcher d'entrer, il s'introduit dans le bureau de sa future "victime", surprise de cette visite non prévue.

« Mon nom est Harper, dit le docteur, je suis président de l'Université de Chicago. Pardonnez-moi mon intrusion, mais je n'ai trouvé personne à la réception (ce qui était planifié de sa part), je me suis alors permis d'entrer.

« J'ai pensé à vous et à votre réseau de tramways à de nombreuses occasions. Vous avez mis sur pied un système magnifique et je comprends que vos efforts vous aient aidé à gagner beaucoup d'argent. Toutefois, quand je pense à vous, il me vient à l'esprit qu'un de ces jours, comme chacun de nous d'ailleurs, partirez pour le voyage éternel et que par la suite, il ne restera rien pour perpétuer votre nom, car vos héritiers prendront votre argent et, immanquablement, l'argent a une façon de perdre son identité très rapidement, dès qu'il tombe en d'autres mains.

« J'ai souvent pensé à vous offrir l'occasion d'immortaliser votre nom en nous permettant de construire un nouveau pavillon universitaire sur les terrains de l'université qui porterait votre nom. Je vous aurais offert cette occasion il y a longtemps si ce n'eut été du fait qu'un des membres du conseil désire que cet honneur aille à monsieur _______ (le principal ennemi de cet homme). Toutefois, personnellement, je vous ai toujours favorisé et c'est encore le cas aujourd'hui. Si j'obtenais votre permission aujourd'hui, j'essaierais d'influencer un dénouement en votre faveur.

« Le but de ma visite n'était pas que vous preniez une décision aujourd'hui même. Toutefois, comme je passais devant votre édifice, j'ai pensé que c'était le bon moment de venir vous soumettre mon idée. Pensez-y et si vous voulez en reparler, téléphonez-moi à votre convenance.

« Et sur ce, je vous souhaite une bonne journée, il m'a fait grand plaisir de vous rencontrer. »

Il quitta les lieux sans donner aucune chance au président de la compagnie de tramways de dire un seul mot. En fait, cet important homme d'affaires n'avait eu aucune chance de dire quoi que ce soit. Dr Harper avait tenu toute la conversation, tout comme il l'avait prévu. Il entra dans le bureau dans le but de faire germer une idée, espérant sa récolte en temps voulu.

Sa croyance n'était pas sans fondement. À peine revenu à son bureau de l'université, le téléphone sonna. Le propriétaire de la compagnie des tramways était à l'autre bout du fil pour demander un rendez-vous à Dr Harper, lequel, vous vous en doutez bien, lui fut accordé. Les deux hommes se rencontrèrent le lendemain matin à l'université et, à peine une heure plus tard, Dr Harper avait en main un chèque d'un million de dollars.

Bien que Dr Harper soit un petit homme d'allure banale, il était dit de lui qu'il était doté d'une *façon de faire* qui lui permettait d'obtenir tout ce qu'il voulait.

Quelle était cette *façon de faire* sur laquelle était basée sa réputation?

Ce n'était ni plus ni moins que sa compréhension de la puissance de l'imagination. Si on supposait qu'il se soit présenté au bureau de cette personnalité reconnue du monde des affaires dans le seul but d'obtenir un rendez-vous, il est alors facile d'imaginer qu'il se serait écoulé un bon laps de temps entre la demande de rendez-vous et le moment de la rencontre, du moins suffisamment pour permettre au président de la compagnie de tramways d'essayer de deviner la raison de ce rendez-vous et de pouvoir ainsi concevoir une bonne excuse pour refuser une telle rencontre.

Supposons donc qu'il ait entrepris son boniment avec le président de la compagnie de cette façon : « L'université a un sérieux manque de fonds et je suis ici pour solliciter votre aide. Vous avez gagné énormément d'argent et, de ce fait, vous devez quelque chose à la communauté avec laquelle vous avez fait fortune. (Ce qui est sûrement une réalité.) Si vous vouliez bien nous donner un million de dollars, en témoignage de notre appréciation, nous inscririons votre nom sur un nouveau pavillon universitaire que nous souhaitons construire. »

Quel résultat aurait-il pu obtenir?

En premier lieu, il n'y aurait eu aucun motif suffisant pour influencer le jugement de cet homme d'affaires. Même s'il était vrai qu'il était redevable à la communauté de laquelle il avait gagné sa fortune, il n'aurait probablement jamais admis ce fait. En second lieu, il aurait aimé se trouver en situation d'offensive plutôt que de défensive au sujet de cette requête.

Mais Dr Harper, astucieux dans l'usage de son imagination, en exposant sa demande, prévenait exactement de telles possibilités. En premier lieu, il mit le président sur la défensive en l'avisant qu'il n'était pas certain d'être capable d'obtenir la permission du bureau de direction d'accepter son argent et ainsi donner son nom au pavillon universitaire. Deuxièmement, il accentua le désir de son interlocuteur d'immortaliser son nom sur ce prestigieux édifice à la seule idée que son ennemi et compétiteur pourrait en obtenir l'honneur, s'il ne profitait pas de l'occasion lui-même. Bien davantage (et ce n'était pas non plus un accident), Dr Harper s'est appuyé sur une des plus grandes faiblesses humaines en lui faisant miroiter une façon de perpétuer son nom.

Toute cette négociation exigeait l'application pratique de la loi de l'imagination.

Le président de l'université était un maître vendeur. Quand il sollicitait les gens pour obtenir de l'argent, il pavait toujours la voie vers la réussite de sa demande, en implantant dans l'esprit de ceux à qui il en demandait une bonne raison de le donner, une raison qui mettait en valeur pour le donneur certains avantages qui pouvaient en résulter.

Cela prenait souvent la forme d'avantages fiscaux. C'était encore un appel à cette partie de la nature humaine qui l'incite à vouloir perpétuer son nom afin qu'il continue de vivre après sa mort. Mais, la demande d'argent était toujours faite en accord avec l'usage de son imagination soit : un plan soigneusement réfléchi, comportant les bons incitatifs.

COMMENTAIRE

Lorsque les éditeurs de cette édition révisée et adaptée entreprirent la tâche de réviser le matériel de l'édition originale, ils en vinrent à la conclusion qu'à certains endroits le texte serait amélioré par l'inclusion d'histoires de succès contemporaines. Toutefois, une fois la tâche entamée, il devint évident que très souvent les exemples que donnaient Napoleon Hill illustraient si bien certains de ses concepts que les remplacer n'aurait pour résultat que de citer des noms plus familiers aux lecteurs contemporains, et cela, sans vraiment améliorer le principe en cause.

C'est à la lumière de ce fait que les éditeurs décidèrent d'inclure la partie suivante du texte original dans lequel monsieur Hill propose des idées qu'une personne imaginative peut mettre à profit pour mettre au point des produits ou ouvrir un commerce. Comme vous pouvez le deviner, chacun des concepts de Napoleon Hill a été repris et transformé en réalité.

LE SAVOIR NE REPRÉSENTE ABSOLUMENT RIEN;
SEULE L'IMAGINATION PRÉDOMINE.

-Anatole France

Lorsque la philosophie des lois du succès en était à une étape embryonnaire, bien longtemps avant qu'elle n'ait été organisée en un cours systématique d'instructions et colligée en divers fascicules, je donnais des conférences sur les principes de cette philosophie dans une petite ville de l'Illinois.

Un des participants était un jeune agent d'assurance-vie. Après avoir entendu ce qui a été dit au sujet de l'imagination, il commença à appliquer cet enseignement à son propre défi de vente d'assurance-vie. Durant la conférence, quelque chose a été dit à propos de la valeur de l'effort organisé par laquelle les gens peuvent jouir d'une plus grande réussite grâce à un effort coopératif et à une organisation du travail par lequel chacun stimule les intérêts de quelqu'un d'autre.

Utilisant cette suggestion, ce jeune homme mit immédiatement sur pied un plan grâce auquel il gagna la coopération d'un groupe d'hommes d'affaires qui n'étaient d'aucune façon reliés au domaine de l'assurance.

Ce jeune homme ambitieux alla rencontrer le plus gros épicier de sa ville. Il prit des arrangements avec l'épicier pour donner une police d'assurance de mille dollars à chaque client qui achèterait cinquante dollars et plus d'épicerie par mois. Dans le but de promouvoir son commerce d'assurance, il se fit un devoir de faire part de cette promotion à plusieurs autres personnes, ce qui lui amena une nouvelle clientèle.

L'épicier fit installer une affiche publicitaire dans son magasin, informant ainsi sa clientèle de cette offre d'assurance-vie gratuite. En faisant cette offre à ses clients, il les fidélisait à faire tous leurs achats dans son magasin.

Ce jeune agent d'assurance alla ensuite voir le propriétaire de la plus grosse station d'essence en ville et prit une entente avec lui pour assurer tous les clients qui y achetaient tous les besoins de leur voiture, soit essence, huile et pièces.

Il se présenta ensuite au plus grand restaurant de sa ville et prit une entente semblable avec le propriétaire. Incidemment, cette transaction fut très profitable au restaurateur qui mit sur pied une campagne promotionnelle par laquelle il annonçait que sa nourriture était composée d'aliments frais, sains et équilibrés, et que tous ceux qui mangeraient régulièrement chez lui pourraient sûrement vivre beaucoup plus longtemps. Par conséquent, il assurerait la vie de chacun de ses clients réguliers pour mille dollars.

L'agent d'assurance-vie prit ensuite des dispositions avec un constructeur local et courtier immobilier pour assurer la vie de chaque personne qui achetait une propriété, et cela, pour une somme égale au solde dû de son hypothèque, au cas où l'acheteur mourrait avant d'avoir complété ses paiements.

Ce jeune homme est devenu par la suite courtier de l'une des plus grosses compagnies d'assurance-vie aux États-Unis, dont les quartiers généraux sont situés dans l'une des plus grandes villes de l'Ohio.

Le point culminant de sa vie survint quand il découvrit comment il pourrait utiliser la loi de l'imagination à son avantage.

Il n'y a aucun brevet sur cette idée. Elle peut être répétée de nombreuses fois par d'autres agents d'assurance qui connaissent la valeur de *l'imagination.* Si j'étais engagé dans la vente de primes d'assurance-vie, j'utiliserais cette idée en m'associant avec un groupe de concessionnaires d'automobiles dans diverses villes, ce qui leur permettait de vendre plus d'automobiles. Les efforts de tous ces vendeurs créeraient en même temps une grosse augmentation de polices d'assurance-vie.

RÊVEZ, RÊVEZ, RÊVEZ GRAND!
CERTAINS PEUVENT VOUS PRIVER
DE VOS BIENS MATÉRIELS ET
VOUS ABUSER DE MILLE ET UNE FAÇONS.
PAR CONTRE, PERSONNE NE PEUT
VOUS PRIVER DE LA MAÎTRISE ET
DE L'UTILISATION DE VOTRE IMAGINATION.
CERTAINS PEUVENT TRANSIGER
AVEC VOUS DE FAÇON MALHONNÊTE
COMME SOUVENT LE FONT LES HOMMES;
ILS PEUVENT VOUS PRIVER DE VOTRE LIBERTÉ,
MAIS ILS NE PEUVENT PAS VOUS RETIRER
LE PRIVILÈGE D'UTILISER VOTRE IMAGINATION,
CAR DANS VOTRE IMAGINATION,
VOUS ÊTES TOUJOURS GAGNANT!

-Jesse Jackson

Le succès financier n'est pas difficile à réaliser lorsqu'on étudie l'usage pratique de l'imagination créatrice. Une personne ayant suffisamment d'initiative et de leadership, ainsi que l'imagination nécessaire, pourra gagner à son tour autant d'argent que gagnent les propriétaires des magasins cinq-dix-quinze. Elle devra développer un système de mise en marché des mêmes marchandises vendues dans ces magasins, et cela, à l'aide de distributeurs automatiques. Ceci épargnera une fortune en salaires d'employés et en assurances contre le vol et diminuera également les frais généraux d'opération d'un magasin de plusieurs autres façons. Un tel système peut aussi être développé avec autant de succès dans le domaine de l'alimentation, car la nourriture peut être vendue aussi à l'aide de distributeurs automatiques.

La semence de cette idée est maintenant semée. C'est à vous de vous en approprier!

Une personne possédant un esprit imaginatif fera une fortune et, en même temps, épargnera la vie de milliers de personnes chaque année en inventant un contrôle automatique des passages à niveau, ce qui réduirait le nombre d'accidents aux croisements.

L'imagination, en plus d'habiletés mécaniques, procurera aux automobilistes cette sécurité absolument obligatoire et rapportera au concepteur du système tout l'argent qu'il désire.

Un inventeur qui comprend la valeur de l'imagination et qui a une connaissance pratique du principe de la radio peut faire une fortune en créant un système d'alarme antivol relié aux quartiers généraux de la police et qui, en même temps, allumera les lumières, émettra un son aigu précisant ainsi l'endroit où se produit le vol. Cette idée sera créée à l'aide d'un appareil semblable à celui maintenant utilisé par transmission d'ondes radiophoniques.

Un agriculteur ayant suffisamment d'imagination pour créer un plan d'action ingénieux peut, en se procurant une liste de toutes les plaques d'immatriculation de sa région, facilement se créer une clientèle nouvelle qui viendra à sa ferme et achètera tous les légumes qu'il produit ainsi que tous les poulets qu'il élève. De cette façon, il épargnerait tous les frais de transport sur la livraison de ses produits. En signant un contrat pour la saison avec chaque automobiliste, le fermier peut alors estimer avec précision la production nécessaire pour servir cette clientèle. Profitant de ces avantages, l'automobiliste sera alors certain de la provenance et de la fraîcheur de ses achats, et cela, à un coût inférieur à ce qu'il paierait pour se les procurer chez d'autres marchands de la région.

Le propriétaire d'une station-service peut utiliser efficacement son imagination en installant un comptoir de restauration rapide sur son terrain. En affichant une publicité attrayante de chaque côté de la route, il attirera ainsi l'attention sur son poulet rôti, ses sandwichs faits sur place ou sur tout ce dont il veut faire une spécialité. La cantine incitera les automobilistes à faire une pause et la plupart en profiteront pour faire le plein d'essence avant de repartir.

Ces suggestions sont simples et leur utilisation ne comporte aucune difficulté particulière; c'est assurément l'usage de l'imagination qui amène le succès financier.

Le libre-service que Piggly-Wiggly créa dans ses magasins, qui rapporta à son inventeur des millions de dollars, était une idée très simple que quiconque aurait pu mettre en opération, exigeait beaucoup d'imagination pour la faire fonctionner d'une façon pratique.

Plus une idée est simple et facile à mettre sur pied, plus elle devient une idée de grande valeur. Personne ne recherche des idées impliquant beaucoup de recherches ou qui sont compliquées.

**LE SENS DE LA CURIOSITÉ
EST UNE FORME D'ÉDUCATION
QUE LA NATURE NOUS ENSEIGNE.**

-Smiley Blanton

COMMENTAIRE

Les milliards de hamburgers vendus, l'invention de l'effaceur Wite-Out par une secrétaire et le succès des biscuits de Mrs. Field sont des histoires qui ont été citées très fréquemment à titre d'exemples contemporains de simples idées qui se sont vues transformées par l'imagination et il est bien possible qu'elles en soient venues à perdre une partie de leur pouvoir d'inspiration. Si c'est le cas, la simplicité de l'idée de Josie Natori pourrait alors enflammer votre imagination.

Après avoir grandi aux Philippines, Josie Natori se rendit aux États-Unis pour étudier en économie et connut une carrière florissante en tant que courtier en investissements. Mais elle s'ennuyait, tout lui réussissait trop facilement. Elle et son mari désiraient mettre sur pied leur propre commerce d'objets qu'ils pouvaient importer des Philippines. C'est à ce moment qu'un ami lui fit parvenir des vêtements d'enfants ornés d'une broderie élaborée.

Un seul regard sur ces vêtements et Josie fut saisie d'inspiration. Il était fort possible que ce genre de vêtements ne se vende pas pour les enfants, mais elle savait que ce serait une réussite dans le domaine de la lingerie féminine. Elle se mit à créer ses propres modèles et reçut bientôt des commandes de grands magasins tels que Saks Fifth Avenue et Bloomingdale.

« Je n'ai jamais tenté consciemment de défier les idées établies à propos de la lingerie, explique Josie. Je n'ai fait que qu'obéir à mon intuition. Je n'avais aucune idée préconçue et je posais des questions qui forçaient les acheteurs à reconsidérer l'apparence d'un vêtement. De façon naturelle, je leur demandais pourquoi une robe de nuit ne pouvait pas ressembler à une robe du soir? Qui prétendait qu'une certaine paire de pantoufles ne se portaient pas avec une certaine robe. »

Aujourd'hui, le chiffre d'affaires de l'entreprise de Josie Natori dépasse les quarante millions de dollars annuellement et Josie vend sa lingerie partout aux États-Unis, au Canada, en Italie, au Japon et en France. L'imagination de Josie Natori continue d'être le combustible qui fait progresser son commerce. « Même lorsque je fais des courses au marché aux puces, je cherche de l'inspiration. »

L'IMAGINATION ET L'ART DE VENDRE

L'imagination est le facteur le plus important dans l'art de la vente. Le maître vendeur est toujours celui qui fait un usage systématique de l'imagination. Le marchand exceptionnel compte sur son imagination pour lui fournir les idées qui rendront son entreprise remarquable.

COMMENTAIRE

Au cours du premier trimestre du vingtième siècle, lorsque Napoleon Hill écrivait Les Lois du Succès, *les affaires en Amérique étaient en pleine effervescence. Mais, de bien des façons, les gens menaient leurs affaires journalières de manière traditionnelle. Les marchands se devaient d'adopter ce qui devait devenir la marque de commerce des Américains : le concept des affaires en tant qu'industrie de service.*

Napoleon Hill, dans ce qui suit, aborde la question de l'imagination dans l'art de la vente et du service aux consommateurs. Pour faire valoir son point, il se sert d'exemples de tous les jours tirés de son expérience personnelle. Aujourd'hui, ses suggestions peuvent sembler bizarres en comparaison de nos centres d'achat, de l'Internet et du cybercommerce, mais tout comme dans la section précédente dans laquelle monsieur Hill propose des idées, presque tout ce qui fait partie des méthodes d'affaires communes de nos jours l'est de cette façon par rapport à ce que l'auteur a écrit et préconisait dans son livre original.

L'imagination peut être employée efficacement dans la vente de plus petits articles tels que cravates et chemises.

Un jour, j'entrai dans une boutique de mercerie pour hommes, la plus connue de la ville de Philadelphie, dans le but de me procurer quelques chemises et cravates.

Je choisis deux ou trois cravates, les examinai brièvement, puis les déposai sur le comptoir, sauf une cravate bleu pâle qui m'attirait. Finalement, je la déposai aussi et continuai à examiner les autres modèles.

Le commis eut alors une idée géniale. Prenant une cravate jaune soleil, il l'enroula autour de ses doigts pour montrer son effet et dit :

« N'est-ce pas attrayant? »

Comme je hais les cravates jaunes, le commentaire du vendeur n'eut aucun effet sur moi. Si j'avais été le vendeur, j'aurais plutôt essayé de créer un impact avec la cravate bleue pour laquelle j'avais démontré de l'intérêt et je l'aurais enroulée autour de mes doigts pour faire ressortir son aspect, une fois nouée. J'aurais su alors ce que voulait mon client en surveillant les modèles de cravates qu'il examinait. Tout client fournira un indice à un vendeur averti à savoir quelle marchandise lui offrir dans le but de conclure une vente. Je me dirigeai ensuite vers le comptoir des chemises où je fus accueilli par un commis plus âgé qui me demanda:

« Puis-je faire quelque chose pour vous, aujourd'hui? »

Eh bien, je me dis en moi-même que si jamais il faisait quelque chose pour moi, il fallait que ce soit aujourd'hui même, car il se pourrait que je ne revienne jamais à ce magasin. Je lui répondis que je voulais voir les chemises en décrivant le modèle et la couleur.

Ce commis répondit : « Je suis désolé, monsieur, mais ce modèle ne fait pas partie de la collection de cette saison. »

Je lui dis que je savais que ce modèle n'était plus de saison et que pour cette raison, entre autres, j'allais le porter quand même à condition que je puisse le trouver en magasin.

Si je vendais des vêtements, je pourrais penser n'importe quoi envers les goûts des clients, mais je ne manquerais sûrement pas de diplomatie au point de dire qu'ils n'y connaissent rien dans le domaine de la mode. Je préférerais plutôt montrer avec tact ce que je crois être un article plus adéquat que le modèle demandé, si ce qu'ils désirent n'est pas en stock.

Le commis en question sortit quelques modèles et les disposa devant moi; malheureusement, elles ne ressemblaient en rien au modèle demandé. Je lui dis qu'aucune d'elles ne me convenait et je m'apprêtai à partir. Il me demanda alors si je voulais voir autre chose.

Il est naturel qu'un vendeur tente d'intéresser un client à voir d'autres articles qu'il n'a pas demandé, c'est une question de jugement, quand un vendeur veut conclure une vente, d'offrir quelque chose d'autre qui serait susceptible de l'intéresser.

Je sortis du magasin sans avoir effectué d'achat et ressentant un sentiment d'indignation du fait d'avoir été jugé quant à mes goûts pour les couleurs et les modèles.

Plus loin sur la même rue, j'entrai dans une boutique qui étalait des chemises et des cravates.

À cet endroit, heureusement, je fus accueilli de manière différente.

Le vendeur derrière le comptoir ne posa aucune question. Mais, lorsque j'entrai, il m'avait examiné et jugé rapidement, et cela, avec précision et il me salua gentiment.

Il me dit : « Que voulez-vous d'abord voir : des chemises ou des cravates? » Je lui dis que je regarderais d'abord les chemises. Il jeta ensuite un coup d'œil à la chemise que je portais, demanda ma taille et commença à étaler des chemises du modèle exact et de la couleur que je recherchais, et cela, sans que j'ajoute un autre mot. Il étala six modèles différents et surveilla ma réaction. Je les examinai et les remis sur le comptoir, mais le vendeur avait remarqué que j'en avais examiné une plus longuement que les autres. Aussitôt que j'eus déposé cette chemise sur le comptoir, le vendeur la prit et m'expliqua sa fabrication. Il se procura trois modèles de cravates bleues très belles, tout comme ce que je cherchais, noua chacune d'elles et la disposa sur la chemise pour créer un effet de symbiose.

En moins de cinq minutes, j'avais acheté trois chemises et trois cravates assorties et, m'en retournant le paquet sous le bras, je pressentais que c'était un magasin où je retournerais lorsque j'aurais besoin de chemises et de cravates.

Plus tard, j'appris que le marchand de la boutique où j'avais fait cet achat payait un loyer mensuel extrêmement élevé pour un aussi petit magasin et qu'il faisait un revenu important en ne vendant que des chemises et des cravates. En principe, il aurait dû faire faillite à payer un tel loyer mensuel, si ce n'était de sa profonde connaissance de la nature humaine qui lui permettait de faire des ventes d'une telle importance à tous ceux qui entraient dans son magasin.

Un grand accomplissement provient habituellement d'un grand sacrifice.

Il n'est jamais le résultat de l'égoïsme.

En marchant sur le boulevard Michigan, à Chicago, mon œil fut attiré par un beau costume gris dans la vitrine d'un magasin de vêtements pour hommes. Je n'avais pas l'intention d'acheter un costume, mais j'étais curieux de connaître le prix de celui-là; j'ouvris donc la porte et je demandai au premier vendeur que je vis le prix du costume de la vitrine.

Il s'ensuivit alors l'une des plus habiles techniques de vente que je n'avais jamais remarquée auparavant. Le vendeur savait qu'il ne pourrait me le vendre à moins que je n'entre vraiment dans le magasin. Il me dit : « Veuillez entrer, monsieur, pendant que je découvre son prix? »

Je suis assuré qu'il le connaissait, mais ce fut sa façon de m'empêcher de penser qu'il voulait me vendre quelque chose. En moins de deux, je me trouvai debout en face d'un miroir, sans mon veston, me préparant à essayer un veston comme celui de la vitrine.

Après avoir revêtu ce veston qui me convenait parfaitement bien (ce n'était pas un hasard, c'était dû à l'expertise d'un vendeur), il attira mon attention sur le tissu doux et agréable. Je touchai à la manche du veston et je constatai que le matériel était de belle qualité. Quand il me donna le prix, je fus agréablement surpris, car je croyais qu'il serait beaucoup plus cher. Toutefois, dans mon imagination, je pensais que le prix serait moindre et je doute même que j'aurais payé autant, si je n'avais pas été servi par un expert en la matière, qui savait de quelle façon présenter sa marchandise.

Si le premier veston que j'ai essayé avait été trop grand ou trop petit, je doute qu'une vente ait été conclue. J'achetai ce costume par impulsion. Une légère erreur de la part du vendeur lui aurait fait perdre la vente de ce costume. S'il m'avait répondu le prix exact quand je lui ai demandé, je l'aurais remercié et continué mon chemin sans regarder le costume de plus près.

À une autre occasion, j'en achetai deux autres de ce même vendeur et, si je vivais encore à Chicago, les chances seraient fortes que j'achète d'autres costumes de lui, parce qu'il a su reconnaître ma personnalité et ainsi me présenter les costumes qui me conviennent le mieux.

Le magasin Marshall Field de Chicago obtient plus d'argent pour sa marchandise que n'importe quel autre magasin semblable. Étonnamment, les gens paient plus cher, et cela, en toute connaissance de cause à ce magasin et ils se sentent plus satisfaits que s'ils achetaient la même marchandise à un prix moindre d'un autre magasin.

Que peut donc en être la raison?

Il y a plusieurs raisons à cela : quelle que soit la marchandise achetée chez Marshall Field qui ne procurait pas une entière satisfaction au client pouvait être retournée et remboursée. Une garantie était applicable pour tout article vendu dans ce magasin.

Une autre raison pour laquelle les gens paieront plus cher est due au fait que la marchandise est présentée et disposée de façon plus attrayante que dans la plupart des autres magasins. La façon dont les vêtements sont exposés dans leurs vitrines est très artistique et c'est également la même chose pour toutes les autres marchandises offertes à la clientèle dans le magasin. Ceci crée une atmosphère qui est plus - *beaucoup plus* - que simplement imaginaire.

Une autre raison pour laquelle Marshall Field obtient plus pour sa marchandise que la plupart des autres magasins est le choix judicieux des vendeurs et leur allure soignée. Il est rare de trouver une personne employée dans ce magasin qu'on ne voudrait pas accepter comme voisin.

La marchandise achetée au magasin Marshall Field est emballée de façon plus artistique que dans d'autres magasins, ce qui est une autre raison pour laquelle les gens font un détour pour s'y rendre et paient plus cher.

Pendant que nous couvrons le sujet de l'emballage artistique des marchandises, j'aimerais vous raconter l'expérience d'un ami qui démontre de quelle façon l'imagination peut être utilisée même dans la façon d'emballer la marchandise.

Cet ami avait reçu un cadeau de sa femme, un très beau porte-cigarettes en argent qu'il avait depuis des années et dont il était très fier.

À la longue, l'étui avait été endommagé et il décida de le confier à un bijoutier renommé de Philadelphie pour être réparé. Il laissa l'étui et demanda qu'il soit livré à son bureau, une fois réparé.

Deux semaines plus tard, une camionnette de livraison toute neuve, identifiée au nom de la bijouterie, s'arrêta en face de son bureau, et un jeune homme vêtu d'un uniforme élégant en sortit avec un paquet joliment enveloppé et attaché avec un ruban.

Sa secrétaire et d'autres employés se rassemblèrent autour de son bureau pour le voir ouvrir son *cadeau*. Il coupa le ruban et enleva le papier d'emballage. La boîte était recouverte d'un papier de soie, maintenu avec un seau doré portant le nom de la bijouterie. Une fois ce papier enlevé, il découvrit un magnifique écrin doublé de velours. L'écrin fut ouvert et, après avoir enlevé le papier de soie, il trouva un étui à cigarettes qu'il reconnut, après l'avoir soigneusement examiné, comme étant celui qu'il leur avait laissé pour réparation. Mais il n'avait pas l'air du même étui qu'il avait apporté, et cela, grâce à *l'imagination* du directeur de la bijouterie.

Chaque bosselure avait été soigneusement redressée. Les charnières avaient été remplacées et l'étui avait été nettoyé et poli de telle sorte qu'il brillait comme un sou neuf.

Et la facture de cette réparation dans tout cela? Bien qu'elle soit élevée, le prix demandé ne semblait pas trop cher. À vrai dire, chaque chose qui entra dans la transaction, à partir du bel emballage de papier de soie, du seau doré, du ruban et de la livraison du paquet, tout fut calculé avec soin selon une psychologie qui justifiait le prix élevé de la réparation.

Selon moi, il y avait une grande leçon à tirer de cet incident. Les marchandises que vous vendez peuvent valoir le prix que vous demandez, mais si vous n'étudiez pas avec soin les sujets de l'exposition de vos marchandises et de leur emballage, il se peut alors que vos clients vous accusent que vos prix soient trop élevés.

Sur la rue Broad, à Philadelphie, il y a une boutique de fruits où les clients sont accueillis par un homme en uniforme qui leur ouvre la porte. Il ne fait rien d'autre que d'ouvrir la porte, mais il le fait avec un sourire qui fait que le client se sent le bienvenu même avant d'entrer dans le magasin.

Ce marchand de fruits se spécialise dans des paniers de fruits présentés avec emballage et ruban. À la porte de la fruiterie, il y a un grand tableau noir sur lequel sont énumérées les dates des départs des différents océaniques. Ce marchand procure alors aux gens l'occasion de faire livrer des paniers de fruits à des proches qui partent en croisière.

Le commerce de ce marchand est une petite affaire, pas plus importante que le petit étalage de fruits moyen, mais il paie un loyer annuel très élevé pour l'endroit et fait plus d'argent que cinquante comptoirs de fruits ordinaires réunis, simplement parce qu'il sait comment disposer et distribuer ses marchandises pour qu'elles fassent appel à la vanité des acheteurs.

Ceci n'est qu'une autre preuve de la valeur de *l'imagination*.

Les Américains - et cela les désigne tous, pas seulement les soi-disant riches - sont les dépensiers les plus extravagants, mais ils insistent sur la « classe » quand on en vient aux apparences telles que l'emballage, la livraison et d'autres enjolivements qui n'ajoutent aucune valeur réelle à la marchandise qu'ils achètent. Le marchand qui comprend ceci, celui qui a appris comment mêler l'imagination à sa marchandise peut récolter une riche moisson en échange de sa connaissance.

Et un grand nombre le font, d'ailleurs.

Le vendeur qui comprend la psychologie de l'étalage, de l'emballage et de la livraison de la marchandise et qui sait comment les présenter pour répondre aux fantaisies et à la nature de ses clients peut faire en sorte que de la marchandise ordinaire lui rapporte des sommes exorbitantes et, ce qui est encore plus important, il peut le faire et retenir sa clientèle plus facilement que s'il vendait la même marchandise sans la séduction de l'emballage artistique et du service de livraison.

Dans un casse-croûte, où le café est servi dans de lourdes tasses épaisses et où l'argenterie est ternie ou sale, un sandwich au jambon n'est qu'un sandwich au jambon. Si le restaurant en obtient le prix moyen, c'est bon; mais juste de l'autre côté de la rue, où le café est servi dans des tasses délicates en porcelaine, sur des tables servies élégamment par des jeunes femmes joliment vêtues, un sandwich au jambon beaucoup plus petit rapportera beaucoup plus d'argent, sans parler du pourboire à la serveuse. La seule différence dans les sandwichs est simplement dans leur apparence. La différence dans le prix est considérable, mais la différence dans le produit n'est pas dans la qualité ou la quantité, mais elle existe surtout dans l'atmosphère du restaurant et son apparence.

Les gens aiment acheter l'apparence ou l'ambiance qui sont simplement une façon plus raffinée de dépenser son argent.

Ce n'est pas une exagération de dire qu'un maître de la psychologie de la vente pourrait aller dans le magasin d'un marchand de qualité moyenne, où le stock de marchandises pourrait valoir 50 000 $ et, en ne faisant qu'une très légère dépense additionnelle, faire que le stock rapporte de 60 000 $ à 75 000 $. Il ne ferait rien d'autre que d'entraîner les vendeurs à présenter la marchandise de façon adéquate, après avoir acheté une petite quantité d'accessoires décoratifs et d'emballer la marchandise vendue dans des boîtes avec papier de soie et des empaquetages plus attrayants.

Une chemise d'homme ou blouse pour dame emballée dans sa boîte, dans celle qui convient, en ajoutant un ruban et une feuille de papier de soie pour l'enjolivement, peut rapporter un dollar ou un dollar et demi de plus que la même chemise livrée dans un banal sac. Je sais que c'est vrai et je l'ai prouvé plus souvent que je ne peux m'en souvenir pour convaincre un commerçant sceptique qui n'avait pas étudié l'effet d'un étalage adéquat.

Pour le plaisir de la conversation, j'ai prouvé plusieurs fois qu'on ne peut obtenir que la moitié de la valeur de la chemise la plus fine, si elle est sortie de sa boîte et placée sur un comptoir d'aubaines avec d'autres chemises de moindre qualité.

COMMENTAIRE

Tel qu'il a été mentionné au début de cette section, le marchandisage a changé radicalement au cours des années depuis que Napoleon Hill a écrit ces mots, mais les principes de base qu'il décrit sont toujours aussi contemporains. Les éditeurs ont confiance que si vous prenez un moment pour penser à la dernière fois où vous êtes allé chez Starbuck ou WalMart, lorsque vous avez acheté un téléphone cellulaire, un ordinateur, une voiture ou simplement un jean, vous reconnaîtrez que vous avez été influencé par les mêmes principes d'imagination dans l'art de la vente que décrivait monsieur Hill en 1927. Les éditeurs sont également persuadés que vous aussi pouvez mettre ces concepts démodés à profit et les adapter à la mode du jour.

La personne chanceuse

ou celle qui a du succès

a appris un secret

d'une simplicité désarmante.

Elle réclame, capture, invoque

le sentiment du succès.

Lorsque vous ressentirez le succès

et la confiance en vous-même,

vous agirez comme un gagnant.

-Maxwell Maltz

LEÇON 7

L'ENTHOUSIASME

Vous pouvez y arriver si vous y croyez!

L'enthousiasme est un état d'esprit qui inspire et stimule une personne à s'engager par l'*action* dans le travail qu'elle doit accomplir. L'enthousiasme fait d'ailleurs beaucoup plus que cela; il est contagieux et comporte une incidence vitale non seulement sur la personne enthousiaste, mais aussi sur tous ceux avec qui elle entre en contact.

L'enthousiasme représente pour l'être humain la même relation que la vapeur procure à la locomotive - une force motrice vitale qui propulse une personne vers l'action. Les plus grands leaders sont des gens qui savent comment inspirer de l'enthousiasme à leur équipe. L'enthousiasme est le facteur le plus essentiel des qualités qui entrent dans l'art de la vente. C'est aussi de loin le plus indispensable dans l'art de parler en public.

EN QUOI L'ENTHOUSIASME PEUT-IL VOUS AFFECTER?

Ajoutez de l'enthousiasme dans votre travail et il ne vous semblera plus difficile ou monotone. L'enthousiasme procurera l'énergie nécessaire à votre corps à un point tel que vous puissiez fonctionner avec la moitié moins de sommeil dont vous avez normalement besoin, tout en vous permettant d'accomplir deux ou trois fois plus de travail que vous effectuez habituellement, et cela, sans ressentir de fatigue.

Durant bien des années, la plus grande partie de mon travail d'écriture se faisait la nuit. Une nuit, alors que je travaillais avec enthousiasme, je regardai par la fenêtre de mon bureau, de l'autre côté de la place de la *Metropolitan Tower* de New York, et je vis ce qui semblait être une réflexion particulière de la lune sur la tour. Intrigué, je n'avais jamais vu auparavant une telle teinte de gris argenté. En regardant de plus près, je découvris avec surprise que ce reflet était celui du soleil levant et non pas celui de la lune. Un nouveau jour se levait. Étant très absorbé par mon travail d'écriture, j'eus l'impression que la nuit n'avait duré qu'une seule heure. Je poursuivis mon travail encore toute la journée et toute la nuit suivante sans arrêter, sauf pour prendre de courtes pauses.

Deux nuits et un jour sans dormir, avec peu de nourriture, sans la moindre évidence de fatigue, auraient été impossibles si *l'enthousiasme* n'avait gardé mon corps plein d'énergie pour le travail que j'effectuais.

L'*enthousiasme* n'est pas simplement une façon de parler; c'est une force vitale que vous pouvez exploiter et utiliser. Sans l'apport de l'enthousiasme dans votre vie, vous ressembleriez à une pile électrique à plat.

L'*enthousiasme* est la force vitale avec laquelle vous revitalisez votre corps et développez une personnalité dynamique. Certaines personnes sont bénies des dieux du fait de jouir d'un enthousiasme naturel, tandis que d'autres doivent acquérir cette précieuse ressource. La façon par laquelle vous pouvez le développer est simple. Accomplir un travail qui vous plaît est un bon début. Si, pour une raison quelconque, vous êtes actuellement dans l'incapacité de vous engager dans un travail que vous aimez, vous pouvez quand même continuer temporairement dans un autre travail de manière efficace, car en adoptant un *but clairement défini,* il vous permettra de le visualiser afin d'attirer à vous le travail de vos rêves, et cela, dans un avenir rapproché.

Le manque d'argent et bien d'autres situations sur lesquelles vous n'avez pas grand contrôle peuvent vous forcer actuellement à accomplir un travail que vous n'aimez pas, mais nul ne peut vous empêcher de caresser et entretenir votre *but clairement défini* dans votre esprit. Qui que ce soit ne peut vous empêcher de planifier des façons et des moyens de concrétiser ce but en réalité, pas plus que de vous forcer à injecter de *l'enthousiasme* dans vos projets.

Le bonheur, le but ultime de tout effort humain, est un état d'esprit qui peut être maintenu seulement par l'espoir d'accomplissements futurs. La personne heureuse est celle qui rêve d'accomplissements non réalisés. La maison dont vous rêvez, l'argent que vous voulez épargner, les voyages que vous voulez entreprendre, le poste que vous voulez occuper et la préparation elle-même pour y arriver - voilà ce dont se compose le bonheur. Ce sont également les matériaux dont se composent vos *buts clairement définis,* ce sont des éléments qui ont la faculté de vous rendre *enthousiaste*, peu importe votre situation actuelle dans la vie.

Vingt ans avant que mon but se concrétise, je suis devenu *enthousiaste* envers une idée. Quand elle prit forme dans mon esprit, je n'étais même pas préparé pour faire le premier pas pour qu'elle se réalise. Mais je l'ai entretenue dans mon esprit - je suis devenu enthousiaste à son égard en entrevoyant mon avenir dans mon imagination, savourant d'avance le moment de sa réalisation.

L'idée était la suivante : je voulais devenir l'éditeur d'un magazine ayant pour fondement la philosophie de la règle d'or, par laquelle je pourrais inspirer les gens à conserver leur courage et agir les uns envers les autres, de façon honnête.

Et voilà que ma chance se présenta! Le jour de l'Armistice, en 1918, j'écrivis le premier éditorial de ce qui allait devenir la réalisation tangible d'un espoir qui avait sommeillé dans mon esprit durant près de vingt ans.

Avec *enthousiasme,* je déversai dans cet éditorial toutes les émotions que j'avais développées dans mon cœur envers cette idée que je chérissais. Mon rêve s'était réalisé – mon ambition de devenir l'éditeur d'un magazine d'une portée nationale avait atteint sa cible.

Comme je l'ai mentionné précédemment, cet éditorial fut écrit avec *enthousiasme.* Je l'ai présenté à un de mes amis à qui je l'ai lu avec *enthousiasme.* L'éditorial se terminait par ces mots : « Enfin, mon vieux rêve de vingt ans est sur le point de se réaliser. Il faut de l'argent, beaucoup d'argent, pour publier un magazine à l'échelle nationale, et je n'ai pas la moindre idée où je vais trouver cet élément capital, mais ça ne m'inquiète aucunement parce que *je sais que je le trouverai quelque part!* » Un mélange de foi et d'enthousiasme m'inspira à écrire ces lignes.

J'avais à peine complété la lecture de mon éditorial que mon ami - la première et la seule personne à qui je l'ai présenté - me dit: « Je peux vous dire où vous allez trouver cet argent : c'est moi qui vais vous le procurer! » Et c'est exactement ce qu'il fit!

L'enthousiasme est une force si vitale que jusqu'à ce qu'une personne l'ait hautement développée, elle ne peut même pas imaginer sa puissance potentielle dans la réalisation de son succès.

Avant de poursuivre vers la prochaine étape, je veux vous redire et accentuer le fait que vous pouvez développer de *l'enthousiasme* pour atteindre votre *but clairement défini* dans la vie, que vous soyez en mesure d'accomplir sa réalisation maintenant ou plus tard. Vous pouvez être très loin de la réalisation de votre *but clairement défini,* mais si vous embrasez le feu de l'enthousiasme dans votre cœur, et le gardez vivant, avant longtemps les obstacles qui obstruent aujourd'hui le chemin de sa réalisation fondront comme par magie et vous réaliserez ainsi que vous possédiez une puissance qui vous était totalement inconnue.

EN QUOI VOTRE ENTHOUSIASME PEUT-IL AFFECTER LES AUTRES?

Nous voici maintenant arrivés à la discussion de l'un des sujets les plus importants de ce cours, la *suggestion.* La *suggestion* est le principe par lequel vos paroles, vos actions, et même votre état d'esprit, influencent les autres.

COMMENTAIRE

Dans la leçon deux, Napoleon Hill discute à fond du sujet de l'autosuggestion ou de la suggestion personnelle. Dans la leçon trois, il introduit un concept afférent à celui qu'il nomme la loi de la télépathie mentale. *Tel qu'il est mentionné précédemment, depuis le temps où monsieur Hill a écrit ce livre, la plupart des expériences en télépathie ont peu fait pour convaincre les sceptiques. Ce dont monsieur Hill voulait dire en utilisant ce terme avait peu à voir avec la supercherie et beaucoup avec le bon sens. Ici, il récapitule ses pensées à propos de la télépathie comme quoi elle se rattache à la suggestion.*

En présumant que vous acceptiez le principe de la *télépathie* (la communication de la pensée d'un esprit à un autre sans l'aide de signes, symboles ou sons) comme étant une réalité, vous comprenez alors la raison pour laquelle *l'enthousiasme* est si contagieux ainsi que la raison pour laquelle il influence tout ce qui l'entoure.

Quand votre esprit vibre à une haute fréquence parce qu'il a été motivé par l'enthousiasme, cette vibration s'enregistre dans l'esprit de tous ceux qui sont dans son périmètre, et spécialement dans les esprits de ceux avec qui vous venez en contact. Lorsqu'un conférencier « ressent » que son public est au même diapason que lui, il découvre alors que son *enthousiasme* a influencé les esprits de ses auditeurs jusqu'à ce qu'ils vibrent au même diapason que le sien.

Quand un vendeur « ressent » que le moment psychologique de conclure une vente est arrivé, il ressent tout simplement la réaction de son propre enthousiasme qui influence l'esprit de l'acheteur potentiel.

Le sujet de la *suggestion* constitue une partie si importante de cette leçon, et d'ailleurs du cours au complet, que je vais maintenant décrire les trois moyens par lesquels elle agit généralement : ce que vous dites, ce que vous faites et ce que vous pensez!

Lorsque vous êtes enthousiaste de ce que vous vendez, que ce soit des produits ou des services, ou du discours que vous prononcez, votre état d'esprit devient flagrant aux oreilles de tous ceux qui vous entendent, et cela, par le *timbre de votre voix*. Que vous soyez conscient de cela ou non, c'est le ton de voix utilisé, plus que l'énoncé lui-même, qui transporte chez les autres votre conviction ou non. Aucune combinaison de mots ne peut remplacer la croyance profonde d'une affirmation exprimée avec un *enthousiasme* authentique. Les mots ne sont que des sons dévitalisés à moins qu'ils ne soient colorés du sentiment qui provient de *l'enthousiasme*.

Tout ce qui est écrit sur papier ne peut être à la hauteur de ce que je peux exprimer de vive voix, mes paroles ayant comme avantage de transmettre aux autres le feu de *mon enthousiasme.*

Ainsi, ce que vous dites et la façon dont vous l'exprimez peuvent transporter une signification possiblement tout à fait à l'opposé de votre intention. Ceci est le résultat de plusieurs échecs chez les vendeurs qui présentent leurs arguments en mots parfaitement logiques, mais qui n'ont pas la chaleur qui ne peut provenir que de l'enthousiasme qui prouve leur sincérité et leur croyance dans les produits qu'ils tentent de vendre. Leurs paroles disent une chose, mais le ton de leur voix *suggère* autre chose; par conséquent, aucune vente ne se conclut.

Ce que vous *dites* est, bien sûr, un facteur important dans le processus du principe de la suggestion, mais pas aussi important que ce que vous faites. *Vos actions comptent plus que vos paroles* et c'est dommage pour vous si vous n'arrivez pas à combiner les deux de façon harmonieuse.

Si vous prônez la règle d'or comme étant une règle de conduite saine, vos paroles tomberont dans l'oreille d'un sourd, si vous ne pratiquez pas ce que vous enseignez. Le sermon le plus efficace qu'une personne puisse prêcher sur la justesse de la règle d'or est celui qu'elle prônera par la *suggestion*, surtout si cette personne applique cette règle aux relations qu'elle entretient avec les autres.

Si un vendeur de voitures Ford va rencontrer un client potentiel en conduisant une autre marque de voiture, tout le plaidoyer qu'il présentera en faveur de la Ford avortera.

Vos *pensées* constituent la plus importante des trois façons d'appliquer le principe de la suggestion, parce qu'elles contrôlent le ton de voix de vos paroles et, jusqu'à un certain point, vos actions. Si vos pensées, vos actions et vos paroles concordent, vous êtes en position d'influencer les autres.

Analysons maintenant le sujet de la *suggestion* afin de vous montrer exactement de quelle façon appliquer le principe par lequel il agit. Comme nous l'avons déjà vu, la suggestion diffère de l'autosuggestion d'une seule façon - nous utilisons la suggestion, consciemment ou inconsciemment, quand nous influençons les autres, alors que nous employons l'*autosuggestion* comme moyen pour s'influencer soi-même.

Avant d'être capable d'influencer une autre personne par la suggestion, son esprit doit être dans un état de neutralité; ce qui signifie, être ouvert et réceptif à votre méthode de suggestion. Voilà où échouent la plupart des vendeurs - ils essaient de conclure une vente avant que l'esprit de l'acheteur potentiel soit réceptif ou neutre. Ce point de la leçon est si vital que je me sens contraint de m'attarder sur ce point, jusqu'à ce qu'il n'y ait aucun doute que vous comprenez bien le principe que je décris.

Quand je dis que le vendeur doit neutraliser l'esprit de son client potentiel avant qu'une vente soit conclue, je veux dire que l'esprit du client doit être en état de neutralité. La confiance doit avoir été établie et il est évident qu'on ne peut implanter aucune règle pour établir la confiance ou pour neutraliser l'esprit à un état d'ouverture. L'habileté du vendeur doit alors remplacer ce qui ne peut être établi en tant que règle formelle.

Je connais un vendeur d'assurance-vie qui ne vend rien d'autre que de grosses polices. Avant même d'entamer le sujet de l'assurance avec un client potentiel, il se familiarise avec l'histoire complète de cette personne, incluant son éducation, son statut financier, ses excentricités, si elle en a, ses préférences religieuses et autres données, trop nombreuses pour être toutes énumérées. Il s'est alors armé d'informations d'une grande importance. Il s'assure de connaître la vie de son client, socialement et professionnellement. Rien n'est mentionné à propos de la vente d'une assurance-vie au cours de sa première visite, pas plus lors de la seconde. Parfois, il n'aborde même pas le sujet de l'assurance avant d'avoir bâti une relation amicale avec son client.

Durant tout ce temps, toutefois, il ne disperse pas ses efforts. Il prend avantage de ces visites amicales dans le but de neutraliser l'esprit de son client potentiel. Il bâtit durant ce temps une relation de confiance afin que sa présentation ne tombe pas dans l'oreille d'un sourd lorsqu'il sera prêt à lui parler d'assurance-vie.

Il y a déjà longtemps, j'ai écrit un livre intitulé *How to sell your services* (Comment vendre vos services). Avant que le manuscrit soit remis à l'éditeur, j'eus l'idée de demander à certaines personnes célèbres d'écrire une lettre d'endossement à être publiée au début du livre. Comme l'imprimeur attendait de recevoir le manuscrit, j'écrivis donc à la hâte une lettre à huit ou dix personnes dans laquelle j'exprimai mon désir. Mais, malheureusement, je ne reçus aucune réponse parce que j'avais omis de respecter deux prérequis importants : j'avais écrit la lettre si rapidement que j'avais omis d'y injecter l'esprit d'enthousiasme et j'avais négligé de la formuler de façon à ce qu'elle ait un effet « neutralisant » sur l'esprit de ceux à qui je l'ai envoyée. Je n'avais donc pas préparé la voie de façon à appliquer le principe de la suggestion.

Un inventaire méticuleux de toutes vos expériences passées peut vous révéler un fait étonnant à l'effet que tout ce qui est déjà arrivé était pour le mieux.

Après avoir réalisé mon erreur, j'écrivis une lettre basée sur l'application formelle du principe de la suggestion. Cette lettre a non seulement amené une réponse de la part de tous ceux à qui je l'envoyai, mais plusieurs de ces réponses étaient des chefs-d'œuvre et servirent, bien au-delà de mes espoirs les plus fous, comme ajouts de grande valeur au livre. Dans le but de comparer et pour vous démontrer de quelle façon le principe de la suggestion pourrait être utilisé dans l'écriture d'une lettre et le rôle important que l'enthousiasme joue pour donner vie aux paroles écrites, les deux lettres sont reproduites ci-après. Il ne sera sûrement pas nécessaire de vous indiquer laquelle n'a pas eu le résultat escompté, car c'est très évident.

Mon cher monsieur Ford,

Je viens de compléter l'écriture d'un nouveau livre qui s'intitule Comment vendre vos services. J'anticipe vendre des centaines de milliers d'exemplaires de ce livre et je suis persuadé que les gens qui l'achèteront seraient ravis de recevoir un message de vous à propos de la meilleure méthode pour vendre des services personnels.

Auriez-vous donc la bonté de m'accorder quelques minutes de votre temps et m'écrire un bref message qui sera publié au début de mon livre? Ce serait pour moi une grande faveur personnelle et je sais que ce serait très apprécié par les lecteurs.

Vous remerciant à l'avance pour la considération que vous voudrez peut-être bien me démontrer, je demeure

Très sincèrement vôtre...

Honorable Thomas R. Marshall
Vice-président des États-Unis
Washington, D. C.

Mon cher monsieur Marshall,

Aimeriez-vous avoir l'occasion de faire parvenir un message d'encouragement et possiblement offrir un conseil à quelques centaines de milliers de vos pairs qui n'ont pu se démarquer dans le monde avec autant de succès que vous en avez eu?

Je viens de compléter l'écriture d'un livre intitulé Comment vendre vos services. Le message fondamental de ce livre est que le service rendu est la cause *et le salaire est* l'effet, *et que le second varie en proportion de l'efficacité du premier.*

Le livre serait incomplet sans quelques conseils provenant de quelques personnes qui, comme vous, sont parties du bas de l'échelle pour atteindre une position enviable dans le monde. Par conséquent, si vous m'écriviez votre point de vue sur les choses les plus essentielles à garder à l'esprit par ceux qui offrent des services personnels dans le domaine de la vente, j'insérerai votre message dans mon livre, qui assurément se rendra dans les mains de gens à qui il fera énormément de bien, à une classe de gens sérieux travaillant fort pour trouver leur place dans le monde du travail.

Je sais, monsieur Marshall, que vous êtes occupé, mais gardez à l'esprit qu'il ne vous suffit que de dicter à votre secrétaire une brève lettre pour faire parvenir un message important à plus d'un demi-million de personnes. Monétairement, votre geste ne vous rapportera même pas les quelques sous du coût du timbre que vous apposerez sur la lettre, mais si on l'estime du point de vue du bien qu'elle peut faire à d'autres personnes qui n'ont pas eu votre chance, il se peut qu'elle fasse toute la différence entre le succès et l'échec pour bien des personnes de valeur qui liront votre message, y croiront, et qui leur servira de guide.

Très sincèrement vôtre,

Analysons maintenant ces deux lettres et découvrons pour quelle raison l'une a échoué dans sa mission, tandis que l'autre a réussi. Cette analyse devrait commencer par l'examen de l'un des points fondamentaux les plus importants dans l'art de la vente : *le motif*. Dans la première lettre, il est évident que le motif est entièrement fondé sur l'intérêt personnel. La lettre exprime exactement la nature de ma demande, mais sa formulation laisse un doute sur la raison de la requête ou à qui elle est doit profiter.

Étudiez la phrase du deuxième paragraphe : « *Ce serait pour moi une grande faveur personnelle...* ». Ceci vous paraîtra peut-être étonnant, mais la vérité est que la plupart des gens ne sont pas enclins à accorder une faveur que pour plaire à d'autres. Si je vous demande de rendre un service qui va m'avantager sans vous procurer un avantage équivalent, vous ne démontrerez pas grand enthousiasme à m'accorder cette faveur; vous pourriez même refuser si vous trouvez une excuse plausible. Mais si je vous demandais de rendre un service qui bénéficierait à une troisième personne, même si le service devait être rendu par mon entremise, et si la nature de ce service est telle qu'elle vous apportera aussi un certain avantage, les chances sont fortes que vous le rendiez avec plaisir.

Cette psychologie est démontrée par la personne qui n'offre que de la menue monnaie aux sans-abris, mais donne volontiers des centaines de milliers de dollars à l'œuvre de charité qui sollicite sa générosité au nom d'autres personnes.

Mais la suggestion la plus dommageable est contenue dans le dernier et plus important paragraphe de la lettre : « Vous remerciant à l'avance *pour toute considération que vous voudrez peut-être bien me démontrer* ». Cette phrase suggère fortement que l'auteur de la lettre anticipe que sa requête puisse être rejetée. Elle indique clairement un manque d'enthousiasme. Elle lui offre la possibilité d'un refus. Il n'y a pas un seul mot dans toute la lettre qui suggère, à l'esprit de quiconque à qui cette lettre a été expédiée, une raison satisfaisante pour accéder à cette requête. Au contraire, le récipiendaire peut clairement voir que l'objet de la lettre est d'obtenir une lettre d'endossement qui aidera à la vente du livre. L'argument de vente le plus important - en fait, le seul argument de vente en relation avec cette demande - a été perdu parce qu'il n'a pas su démontrer ni établir son motif réel. Cet argument fut à peine évoqué dans la phrase : « *Je suis persuadé que les gens qui l'achèteront seraient ravis de recevoir un message de vous à propos de la meilleure méthode pour vendre des services personnels.* »

Le début du paragraphe de la lettre viole une importante règle de base dans l'art de la vente, car il suggère clairement que l'objet de la lettre est d'obtenir un avantage quelconque pour son auteur et ne fait aucunement mention d'un bénéfice pour la personne à qui le livre est destiné. Au lieu de neutraliser l'esprit du récipiendaire de la lettre, tel que cela aurait dû être, il a fait exactement le contraire. Ce début de paragraphe lui procure donc une occasion de refuser.

Je me souviens d'un vendeur - ou peut-être devrais-je dire de quelqu'un qui voulait être un vendeur – qui, un jour, m'approcha dans le but de me vendre un abonnement au Saturday *Evening Post*. Me montrant une copie du magazine, il me suggéra la réponse à lui donner par cette question:

« Vous ne vous abonneriez pas au Post pour m'aider, n'est-ce pas? »

Il m'a rendu la tâche très facile pour que je refuse. Il n'y avait aucun enthousiasme dans ses paroles et il ne me suggéra absolument rien qui suscita mon intérêt personnel à vouloir m'abonner. Donc, il perdit une vente.

Quelques semaines plus tard, une représentante d'abonnements de magazines m'approcha. Elle vendait un groupe de six magazines incluant le *Saturday Evening Post*, mais son approche fut totalement différente! Elle regarda ma table de lecture, sur laquelle elle vit plusieurs magazines, puis les étagères de ma bibliothèque, et s'écria avec enthousiasme :

« Oh! je vois que vous aimez les livres et les magazines! »

Je plaidai fièrement coupable à cette accusation. Remarquez le mot *fièrement*, car il a une importante portée dans cet incident. Je déposai donc le manuscrit que je lisais lorsqu'elle est entrée dans mon bureau, car il était évident qu'elle était une femme intelligente. Laissez-moi vous raconter de quelle façon je m'en rendis compte. Le point important est que sa façon de m'aborder me fit déposer mon manuscrit, car elle avait stimulé mon désir d'entendre ce qu'elle avait à me dire.

À l'aide de onze mots, en plus d'un sourire agréable et d'un ton de voix enthousiaste, elle avait suffisamment neutralisé mon esprit pour me rendre désireux de l'écouter. Avec ces quelques mots, elle avait accompli sa tâche la plus difficile, parce que ma décision était prise lorsqu'elle s'est fait annoncer que je garderais mon manuscrit dans mes mains, lui faisant ainsi savoir, le plus poliment possible, que j'étais occupé.

Ayant étudié l'art de la vente et de la suggestion, attentivement, je l'observai pour voir de quelle façon elle s'y prendrait pour continuer et conclure sa vente. Elle avait une pile de magazines sous le bras et je prévoyais qu'elle me les démontre et commence à me persuader à les acheter, mais ce n'est pas ce qu'elle fit. Rappelez-vous que je vous ai dit qu'elle *vendait* un groupement de six magazines; elle ne faisait pas qu'*essayer* de les vendre.

Elle s'avança vers les étagères de ma bibliothèque, retira une copie des *Essais d'Emerson,* et durant dix minutes m'entretint de façon intéressante à propos du contenu de ce livre. C'était si intéressant que j'en oubliai le sujet de sa visite. Vous comprendrez qu'elle neutralisa mon esprit encore davantage.

En conséquence, elle me fournit une quantité suffisante de nouvelles idées sur les œuvres d'Emerson que je conçus l'idée d'écrire un excellent éditorial.

Elle me demanda par la suite quels étaient les magazines que je recevais sur une base régulière, et après lui avoir mentionné, elle sourit en étalant devant moi sur la table ceux qu'elle avait apportés. Elle analysa les magazines un par un, m'expliquant la raison qui justifiait mon abonnement. Le *Saturday Evening Post* me procurerait la meilleure fiction; le *Literary Digest* m'informerait sur ce qui se passe dans le monde sous une forme condensée, comme l'exigeait un homme aussi occupé que je l'étais; *l'American Magazine* me renseignerait grâce aux biographies les plus récentes des leaders du monde des affaires et de l'industrie, et ainsi de suite, jusqu'à ce qu'elle ait couvert la liste au complet.

LES GRANDS PERFORMANTS SONT DES GENS QUI APPROCHENT TOUTE CIRCONSTANCE AVEC UNE ATTITUDE DÉMONTRANT QU'ILS PEUVENT LA DÉPASSER DE FAÇON À CE QU'ELLE TOURNE À LEUR AVANTAGE. PAS SEULEMENT UNE FOIS DE TEMPS À AUTRE, MAIS RÉGULIÈREMENT. ILS PEUVENT TOUJOURS COMPTER SUR EUX-MÊMES.

-Charles Garfield

Mais je ne répondais pas à ses arguments aussi librement qu'elle croyait que je le ferais. Elle me suggéra alors subtilement : « Un homme dans votre position doit être bien informé, et s'il ne l'était pas, son travail s'en ressentirait! »

Elle émit la vérité! Sa remarque était à la fois un compliment et une gentille réprimande. Pourtant, je me sentis honteux, parce qu'elle avait fait l'inventaire de mes lectures - et les six magazines qu'elle vendait n'étaient pas dans ma bibliothèque.

Je commençai alors à faiblir et lui demandai combien coûterait l'abonnement. Elle mit la touche finale à une présentation de vente bien structurée par cette réponse diplomate : « Le prix? Pourquoi? Le coût de la gamme au complet est moindre que ce que vous gagnez pour une seule page du manuscrit que vous lisiez quand je suis arrivée. »

Là encore, elle visa juste! Comment avait-elle pu deviner, avec autant d'exactitude, ce que je pouvais gagner pour un éditorial? La réponse est qu'elle ne devina pas - elle le savait! Elle s'était assurée de me faire parler avec diplomatie de la nature de mon travail (ce qui, à vrai dire, ne m'indisposait nullement). Elle démontra tellement d'intérêt pour le manuscrit que j'avais déposé sur mon pupitre quand elle entra, qu'elle m'incita à lui en parler. (Bien sûr, il ne lui fallut pas beaucoup de psychologie; n'avais-je pas déjà mentionné que c'était *mon* manuscrit?)

Dans mes remarques à ce sujet, je suppose que j'ai mentionné avoir reçu 250 $ pour les quinze pages; oui, je suis sûr que j'ai été assez négligent pour admettre que j'étais bien payé pour mon travail.

En autant que je sois concerné, une partie de son plan comportait une observation soigneuse de tout ce qu'elle voyait et entendait, dans le but de découvrir où se situaient mes faiblesses et les sujets de conversation qui m'intéressaient le plus. Certains vendeurs prennent le temps de faire cela; d'autres pas. Elle était de ceux qui le faisaient.

Évidemment, elle est repartie avec mon abonnement pour les six magazines, mais ce n'était pas le seul avantage qu'elle en retira. Je lui accordai aussi mon consentement de prospecter les membres de mon personnel et elle repartit avec cinq autres commandes.

À aucun moment durant sa visite, elle ne me donna l'impression que je lui accorderais une faveur en achetant les magazines. Complètement à l'opposé, elle me donna vraiment l'impression de me faire une faveur. C'était là une suggestion émise avec doigté.

Avant de clore l'histoire de cet incident, j'aimerais vous faire un aveu. Quand elle m'attira dans sa conversation, elle le fit de telle façon que je parlai avec enthousiasme et je suis assuré que je fus attiré par l'esprit de cette vendeuse douée lorsqu'elle émit sa remarque initiale en entrant dans mon bureau. Je suis certain que son enthousiasme n'était pas accidentel. Elle s'était entraînée à trouver quelque chose dans l'espace occupé par son client à propos de son travail ou dans la conversation dont le sujet susciterait de l'enthousiasme de sa part.

Rappelez-vous : suggestion et enthousiasme marchent main dans la main!

Je me souviens comme si c'était hier du sentiment qui m'a frappé quand ce soi-disant vendeur me mit le *Saturday Evening Post* sous le nez, en me disant : « Vous ne vous abonneriez pas au Post pour m'aider, n'est-ce pas? »

Ses paroles étaient froides, inertes; elles manquaient d'enthousiasme. Elles inscrivaient une impression dans mon esprit qui en était une de froideur. Je voulais voir cet homme ressortir immédiatement par la porte par laquelle il était entré. Sachez que je ne suis pas asocial; mais le ton de sa voix, sa physionomie, son maintien général *suggéraient* qu'il demandait une faveur et non m'en offrir une.

La suggestion est l'un des principes parmi les plus subtils et les plus puissants de la psychologie. Vous vous en servez dans tout ce que vous faites, dites et pensez. Mais à moins que vous compreniez la différence entre la suggestion négative et la suggestion positive, vous pouvez l'utiliser de façon telle qu'elle vous apporte l'échec au lieu de la réussite.

La science a établi le fait que par l'usage négatif de la suggestion, une vie peut être détruite.

Dans la petite ville où j'ai grandi vivait une vieille dame qui se plaignait constamment, craignant de mourir d'un cancer. Durant son enfance, elle avait vu une femme qui en était atteinte et cette vision l'a tellement impressionnée qu'elle commença à chercher des symptômes dans son propre corps. Elle était assurée que chaque malaise ou douleur était le début des symptômes d'un cancer qu'elle attendait depuis si longtemps. Je l'ai déjà vu mettre la main sur son sein et l'ai entendu s'exclamer : « Oh! Je suis certaine que j'ai un cancer. Je peux le sentir. » En se lamentant sur sa maladie imaginaire, elle mettait toujours la main sur le sein gauche, où elle pensait que se logeait *son* cancer.

Elle est décédée d'un *cancer au sein gauche*! Si la suggestion peut actuellement changer des cellules saines en parasites d'où un cancer peut se développer, pouvez-vous seulement imaginer ce qu'elle peut faire pour détruire les germes de la maladie, si elle est utilisée correctement? La suggestion est la loi par laquelle les guérisseurs du mental font ce qui semble être des miracles. J'ai déjà été témoin de l'enlèvement de ces excroissances parasitaires connues sous le nom de verrues, à l'aide de la suggestion, et cela, en moins de vingt-quatre heures.

Si la moitié des épaves éparpillées sur l'océan de la vie avaient été guidées par une étoile, elles pourraient aujourd'hui voguer en sécurité, mais elles ont dérivé avec la marée.

COMMENTAIRE

Au cours des années 1980, les aspects médicaux du principe au sujet duquel Napoleon Hill écrivit dans le paragraphe précédent étaient acceptés par un segment grandissant de la population communément appelé Nouvel Âge. *Parmi ses adeptes, il y avait de nombreux professionnels de la médecine qui incorporaient le concept sous le terme « connexion corps/esprit » et au début du vingt-et-unième siècle la croyance que l'esprit peut manifester des changements physiques dans le corps était devenue une partie du courant de la pratique médicale.*

Vous trouverez ci-après une liste de livres et de livres audios qui expliquent plus précisément les applications médicales du pouvoir de la suggestion : Visualization *de Adelaide Bry;* Ageless body, timeless mind *de Deepak Chopra, m.d.;* Creative visualization *de Shakti Gawain;* Focusing *de Eugene Gendlin, ph.d.;* You can heal your life *de Louise Hay;* Healing with body energy *de W. Brugh Joy, m.d.;* La psychocybernétique *de Maxwell Maltz, m.d.;* Superimmunity *de Paul Pearsall, m.d.;* Healing back pain *de John E. Sarno, m.d.;* Love, medicine and miracles *de Bernie S. Siegel, m.d.;* Getting well *de O. Carl Simonton, m.d.;* Eight weeks to optimum health and spontaneous healing *de Andrew Weïl, m.d*

J'ai déjà reçu une des publicités les plus efficaces que j'aie jamais vues. Il s'agissait d'un livret dans lequel un vendeur d'assurances automobiles perspicace avait reproduit des articles de presse qu'il avait amassés dans divers journaux à la grandeur des États-Unis et qui disaient que soixante-cinq automobiles avaient été volées en une seule journée. Sur la couverture arrière se trouvait un commentaire percutant :

« Votre automobile pourrait être la prochaine à être volée. Est-elle assurée? »

Au bas de la page étaient inscrits le nom du représentant, son adresse et son numéro de téléphone. Avant d'avoir fini la lecture des deux premières pages du livret, je téléphonai au vendeur et m'informai des prix. Il vint me voir immédiatement, et vous connaissez la suite de l'histoire.

Retournons maintenant aux deux lettres (pages 141 et 142) et analysons la seconde, qui procura la réponse espérée de la part de tous ceux à qui elle été envoyée. Étudiez bien attentivement le premier paragraphe et vous remarquerez qu'il pose une question à laquelle il n'y a qu'une seule réponse. Comparez-le avec celui de la première lettre en vous demandant lequel des deux vous aurait impressionné le plus positivement. Ce paragraphe est formulé de cette façon parce qu'il contient une question double. En premier lieu, elle sert à neutraliser l'esprit du lecteur pour l'amener à lire le reste de la lettre avec une attitude mentale positive. En deuxième lieu, elle pose une question dans les paragraphes subséquents de la lettre à laquelle il n'y a qu'une seule façon de répondre dans le but d'amener le lecteur à un point de vue qui s'harmonise avec la nature du service à rendre.

Dans la deuxième leçon de ce cours, vous avez constaté qu'Andrew Carnegie a refusé de répondre à ma question quand je lui ai demandé à quoi il attribuait son succès; il me demanda d'abord de définir le mot *succès*. Il voulait éviter ainsi toute méprise. Le premier paragraphe de la lettre que nous analysons est ainsi formulé qu'il expose l'objet de la lettre et, en même temps, force pratiquement le lecteur à l'accepter comme étant bien fondé et raisonnable.

Toute personne qui répondrait à la question de manière négative avouerait par le fait même sa culpabilité à une accusation d'égoïsme et personne ne voudrait vivre avec une conscience coupable d'une telle inculpation. Tout comme le fermier commence par labourer sa terre, la fertilise et la prépare à recevoir la semence pour s'assurer d'une bonne récolte, ainsi ce paragraphe fertilise l'esprit du lecteur et le prépare à recevoir la semence qui va y être placée par la suggestion subtile que contient le paragraphe.

Étudiez attentivement le deuxième paragraphe de la lettre et vous noterez qu'il contient un état de fait dont le lecteur *ne peut douter, pas plus que nier*! Il ne lui fournit aucune raison d'argumentation, parce qu'il est manifestement fondé sur une base solide. Il l'amène à la deuxième étape du voyage psychologique qui mène directement à se conformer à accepter la requête qui est dissimulée avec précaution dans le troisième paragraphe de la lettre. Vous noterez, cependant, que le paragraphe commence en faisant indirectement un gentil compliment : « Par conséquent, si vous m'écriviez votre point de vue sur les choses les plus essentielles à garder à l'esprit par ceux qui offrent des services personnels dans le domaine de la vente, etc. » Analysez la formulation de cette phrase, ainsi que le cadre dans lequel elle a été placée, et vous noterez qu'elle n'a presque pas l'apparence d'une requête, et qu'il n'y a certainement rien qui suggère que l'auteur de la lettre sollicite une faveur *pour son bénéfice personnel*. Dans le pire des cas, elle peut être interprétée tout simplement comme étant une requête de faveur pour quelqu'un d'autre.

Ensuite, étudiez le dernier paragraphe et notez de quelle façon la suggestion y est insérée avec diplomatie et si le lecteur osait refuser cette demande, il se placerait dans la position embarrassante de quelqu'un qui ne se soucie pas suffisamment de ceux qui ont moins de chance que lui pour dépenser un timbre ne valant que quelques sous et quelques minutes de son temps pour les aider à améliorer leurs conditions de vie.

La composition complète de cette lettre est telle que si le lecteur la mettait de côté sans y répondre, *elle deviendrait un cas de conscience!* L'effet est aussi accentué par la dernière phrase du dernier paragraphe et tout particulièrement par les douze derniers mots de cette phrase : « ... *qui liront votre message, y croiront et qui leur servira de guide.* »

Cette lettre fait donc sourciller le lecteur et sa propre conscience devient alors une alliée de l'auteur de la lettre; elle coince le lecteur de la lettre tout comme un chasseur peut cerner un lapin en l'attirant dans un guet-apens soigneusement préparé.

La vanité est un brouillard qui enveloppe le caractère véritable d'une personne, au point où elle n'arrive même plus à se révéler sous son vrai jour. Sa vanité affaiblit ses habiletés innées et renforce toutes ses contradictions.

La meilleure évidence que je peux offrir dans le but de prouver que cette analyse est juste est que la lettre reçut une réponse de chaque individu à qui elle a été envoyée, en dépit du fait que chacun d'eux était une personne d'affaire probablement trop occupée pour répondre à une lettre de cette nature. Non seulement cette lettre nous fournit-elle les réponses désirées, mais en plus, ceux à qui elle a été envoyée répondirent personnellement, à l'exception de Theodore Roosevelt qui répondit par l'intermédiaire d'un adjoint.

John Wanamaker et Frank A. Vanderlip écrivirent deux des plus belles lettres que j'aie jamais lues. Chacune était un chef-d'œuvre qui aurait pu être insérée dans les pages d'un livre plus digne que celui pour lequel elles ont été demandées. Andrew Carnegie écrivit aussi une lettre qui valait à elle seule la considération de tous ceux qui avaient des services personnels à vendre.

Aucun ne répondit à cette requête dans le seul but de me plaire, car j'étais inconnu de la plupart d'entre eux. Ils n'ont pas écrit pour me plaire, ils l'ont plutôt fait pour se faire plaisir et pour rendre un service digne d'être apprécié. La formulation de la lettre eut peut-être quelque chose à voir avec le résultat, mais en tant que je suis concerné, c'est que les hommes que j'ai mentionnés et la plupart des autres du même calibre sont ceux qui, généralement, rendent le plus volontiers service aux autres lorsqu'ils sont approchés de la bonne façon.

Je veux profiter de cette occasion pour souligner que toutes les vraies grandes personnalités que j'ai eu la chance de connaître ont été des mieux disposées et courtoises quand venait le temps de rendre un service qui pouvait bénéficier à d'autres personnes. C'est peut-être une des raisons qui fait qu'elles étaient des figures impressionnantes aux yeux du peuple.

L'esprit humain est un chef d'œuvre en lui-même! Une de ses caractéristiques exceptionnelles se situe dans le fait que toutes les impressions qui lui parviennent, que ce soit par la suggestion extérieure ou l'autosuggestion, sont enregistrées ensemble, en groupes, selon leur nature. Les impressions négatives sont entreposées dans une partie du cerveau, pendant que les positives sont sauvegardées dans une autre partie. Lorsqu'une de ces impressions (ou expériences passées) est rappelée à l'esprit conscient par le principe de la mémoire, il y a une tendance à se rappeler, en même temps, toutes les autres de nature similaire, tout comme lorsque nous tirons sur un maillon d'une chaîne, cette action entraînant les autres maillons à suivre le premier.

Par exemple, tout ce qui peut susciter un sentiment de doute dans l'esprit d'un individu est suffisant pour rappeler à sa mémoire toutes les autres expériences qui l'ont amené à douter. Si un inconnu demande à une personne d'encaisser un chèque, elle se souvient immédiatement d'avoir déjà encaissé des chèques sans provision, ou d'avoir entendu d'autres personnes raconter ce qui leur est arrivé. Par la loi de l'association, toutes les émotions, expériences et impressions comparables qui accèdent à l'esprit sont classées ensemble, de sorte que le rappel de l'une a tendance à ramener toutes les autres à la mémoire.

Faire remonter à l'esprit d'une personne un sentiment de méfiance a tendance à ramener à la surface toute autre expérience source de doute que cette personne a déjà vécue. Pour cette raison, les bons vendeurs s'appliquent à garder en dehors du contexte tout sujet pouvant réveiller la « chaîne d'impressions de doutes » d'expériences passées. Le maître-vendeur apprend rapidement que le fait de « décrier » un compétiteur peut ramener à l'esprit de l'acheteur certaines émotions négatives qui pourraient anéantir pour le vendeur la possibilité de "neutraliser" l'esprit de l'acheteur.

Ce principe s'applique et contrôle toute impression sensorielle logée dans l'esprit humain. Par exemple, prenez le sentiment de peur; du moment où nous permettons à une seule émotion reliée à la peur d'atteindre notre esprit conscient, elle ramène avec elle toutes ses relations répugnantes. En présence de la peur, le courage ne peut réclamer l'attention de l'esprit conscient. L'un ou l'autre doit dominer. Ils sont de mauvais colocataires parce que leur nature ne s'harmonise pas. Qui se ressemble s'assemble! Chaque pensée maintenue dans l'esprit conscient a tendance à en attirer d'autres de nature similaire. Ces sentiments, pensées et émotions, conçus lors d'expériences passées qui réclament l'attention de l'esprit conscient, sont appuyés par une armée régulière de soldats de soutien de nature similaire, prêts à les aider dans leur travail.

COMMENTAIRE

Tel qu'il a été mentionné précédemment, beaucoup de gens ont bâti sur les principes de base à propos desquels Napoleon Hill écrivit et donna des conférences. Certaines personnes ont été inspirées par ces principes de succès et s'en sont servi pour gérer leurs commerces, dont un certain nombre ne restèrent pas que des commerces, mais devinrent des industries. D'autres personnes ont bâti à partir d'idées élaborant certains concepts et sont devenus des auteurs à succès et de réputés conférenciers de motivation.

Pour faire la preuve de l'influence de Napoleon Hill sur ce sujet, les éditeurs vous incitent à assister à des séminaires et des ateliers de discussion conduits par des conférenciers populaires. Vous entendrez de nouveaux mots à la mode et ces conférenciers illustreront leurs concepts d'histoires contemporaines. Mais, derrière chaque phrase captivante moderne ou histoire, vous entendrez également l'écho d'un des dix-sept principes de succès de Napoleon Hill. Deux des plus célèbres et puissants motivateurs de la fin du vingtième et du début du vingt-et-unième siècle sont Anthony Robbins *et* Stephen Covey, *tous les deux reconnaissant Napoleon Hill comme étant une inspiration majeure de leur travail.*

L'ENTHOUSIASME ET LA SUGGESTION

Délibérément, placez dans votre propre esprit, grâce au principe de l'autosuggestion, l'ambition de réussir à l'aide d'un but clairement défini et remarquez à quelle rapidité toutes vos capacités latentes et non développées dans la nature de vos expériences passées seront stimulées à se mettre en action en votre faveur. Implantez dans l'esprit d'un enfant, par le principe de la suggestion, l'ambition de devenir soit un prospère avocat, médecin, ingénieur ou homme d'affaires; et si vous implantez assez profondément cette suggestion et la maintenez par la répétition, elle commencera à stimuler l'enfant vers la réalisation de l'objet de cette ambition.

Si vous implantez une suggestion « profondément », mêlez-la généreusement d'enthousiasme, car il est le fertilisant qui assurera sa croissance rapide, aussi bien que sa permanence. Quand ce vieux monsieur au grand cœur implanta dans mon esprit la suggestion que j'étais un « garçon brillant » et que je pourrais laisser ma marque en ce monde si je m'instruisais, ce n'est pas tant ce qu'il me dit que la façon dont il l'a dit qui créèrent une impression profonde et durable dans mon esprit. C'est la façon dont il agrippa mes épaules et le regard de confiance que je pouvais lire dans ses yeux qui imprimèrent cette suggestion si profondément dans mon subconscient qu'elle ne me laissa jamais en paix jusqu'au moment où je commençai à suivre les étapes qui menèrent à la réalisation de sa suggestion.

Ceci est un point sur lequel je tiens à insister avec toute la force que je possède. *Ce n'est pas tant ce que vous dites que le ton de voix et la manière dont vous le dites qui créent une impression durable.*

Il s'ensuit naturellement alors que la sincérité de l'intention, l'honnêteté et le sérieux doivent soutenir tout ce que dit une personne, pour engendrer une impression durable et favorable.

Quoi que vous vendiez avec succès à d'autres, vous devez d'abord vous le vendre à *vous-même*!

Un jour, j'ai été approché par un agent du gouvernement d'un certain pays. L'agent désirait mes services en tant qu'écrivain pour rédiger de la propagande en faveur de l'administration alors en place. Son approche fut à peu près celle-ci :

« Vu que vous avez la réputation d'exposer la philosophie de la règle d'or et que vous êtes connu à travers les États-Unis en tant qu'indépendant sans allégeance politique, accepteriez-vous de venir dans notre pays, étudier l'économie et la politique, puis revenir aux États-Unis et publier une série d'articles dans les journaux, recommandant au peuple de l'Amérique la reconnaissance immédiate de mon gouvernement par les États-Unis, etc. »

Pour ce service, on m'offrait plus d'argent que je n'en posséderai peut-être jamais de toute ma vie. Mais j'ai refusé ce mandat, pour une raison qui n'impressionnera personne, sauf ceux qui comprennent le principe qui oblige tous ceux qui désirent influencer les autres à demeurer en bons termes avec leur conscience.

Je ne pouvais écrire de façon convaincante sur la cause de ce pays, parce que je n'y croyais pas. En conséquence, je n'aurais pu insérer assez d'enthousiasme dans mes écrits pour les rendre efficaces, et cela, même si j'avais accepté de prostituer mon talent et de tremper ma plume dans un encrier que je savais sale.

Je n'expliquerai pas davantage ma philosophie à propos de cet incident pour la simple raison que ceux qui sont assez avancés dans l'étude de l'autosuggestion n'auront pas besoin de plus d'explications, tandis que ceux qui ne sont pas encore assez avancés ne voudraient ni ne pourraient comprendre.

Personne ne peut se permettre d'exprimer, à travers des mots ou des actions, tout ce qui n'est pas en harmonie avec sa propre conviction et, si elle le faisait quand même, elle devrait le payer par la perte de son habileté à influencer les autres.

Je vous prie de relire à haute voix le paragraphe précédent! Il vaut la peine d'insister et de mettre l'emphase par la répétition de cette phrase pour bien la comprendre, car c'est par manque d'obéissance du principe sur lequel elle est basée que le but clairement défini de bien des personnes s'est évanoui.

Je ne crois pas pouvoir me permettre d'essayer de décevoir quiconque, envers quoi que ce soit, mais je *sais* que je ne peux pas me permettre d'essayer de *me* décevoir *moi-même*. Agir ainsi détruirait le pouvoir de ma plume et rendrait mes écrits inefficaces.

C'est seulement quand j'écris avec le feu de l'enthousiasme brûlant dans mon cœur que mes écrits créent une impression favorable chez les autres; et c'est seulement quand je parle d'un cœur brûlant de conviction que je peux amener mon auditoire à accepter mon message.

Je vous conseille de relire à voix haute le paragraphe précédent. Enregistrez-le dans votre mémoire. Écrivez-le et placez-le dans un endroit propice en tant que rappel quotidien du principe, aussi immuable que la loi de la gravité, *sans lequel vous ne pourrez jamais devenir une puissance dans la réalisation du grand objectif de votre vie.*

Il y a eu plusieurs moments, où j'ai eu l'impression que si je respectais ce principe, je mourrais de faim.

Il y a aussi eu des moments où même mes plus proches amis et conseillers financiers m'ont fortement recommandé de délaisser ma philosophie dans le but de gagner un avantage dont j'avais un réel besoin, mais, d'une quelconque façon, je me suis arrangé pour me cramponner à ma philosophie, avant toute autre chose, parce que j'ai préféré la paix et l'harmonie dans mon propre cœur au gain matériel que j'aurais pu récolter en compromettant mon intégrité.

Aussi étrange que cela puisse sembler, mon refus d'étouffer ma propre conscience a rarement été basé sur ce qui est communément appelé *l'honnêteté*. Mon refus d'écrire ou de dire quelque chose en lequel je ne croyais pas, a seulement été une question d'honneur entre ma conscience et moi. J'ai essayé d'exprimer ce que mon cœur me dictait, car j'aimais donner du poids à mes paroles. Il pourrait être dit que mon motif fût basé davantage sur mon intérêt personnel que sur un désir d'être équitable avec les autres, même si je n'ai jamais désiré être déloyal à l'égard d'autres personnes, et cela, aussi loin que je puisse m'analyser moi-même.

Aucune personne ne peut devenir maître-vendeur si elle s'expose à des faussetés. Même si personne ne la prend jamais en défaut à exprimer ce en quoi elle ne croit pas, ses paroles feront échouer la réalisation de son objectif personnel, parce qu'elle n'arrivera pas à donner du poids à ses paroles si elles ne viennent pas directement de son cœur et si elles ne sont pas prononcées avec un enthousiasme authentique et absolu.

Je vous demanderais de lire à voix haute le paragraphe précédent, car il contient une grande loi que vous devez *comprendre* et *appliquer* avant de devenir une personne d'influence dans tout ce que vous faites.

Je devrais appuyer très fortement sur le fait que je suis très sérieux quand je vous demande de lire à voix haute ou de mémoriser certaines phrases. La raison n'est pas due au fait que je ne vous accorde pas le crédit d'être un adulte, penseur et personne intelligente; pourtant, je sais pertinemment à quel point il est possible que vous omettiez ces lois vitales sans avoir été suffisamment impressionné par elles pour les adopter et en faire une partie de votre philosophie à chaque instant de votre vie. Je connais *votre* faiblesse tout simplement parce que je connais la *mienne*. Il m'a fallu utiliser la majeure partie des dernières vingt-cinq années de ma vie, composée de hauts et de bas - surtout de bas - pour imprimer ces vérités de base dans mon esprit de façon à m'influencer. J'ai essayé ces vérités, ainsi que leurs versions opposées; c'est la raison pour laquelle je peux donc m'exprimer, non comme quelqu'un qui *croit* en leur sagesse, mais comme quelqu'un qui *sait.*

Qu'est-ce que j'entends par « ces vérités »?

Pour que toute méprise soit impossible à propos de ce que je veux dire et afin que ces mots d'avertissement ne puissent jamais comporter une signification abstraite à vos yeux, je déclarerai donc qu'en disant « ces vérités », je veux dire ceci :

Vous ne pouvez pas vous permettre
de suggérer à une autre personne,
en paroles ou en actions,
ce en quoi vous ne croyez pas.

J'ai sûrement réussi à exprimer ma pensée simplement et clairement.

Et la raison pour laquelle vous ne pouvez pas vous permettre d'agir ainsi est celle-ci :

Si vous prenez une entente avec votre conscience, il ne vous faudra pas très longtemps pour que vous n'ayez plus aucune conscience, car elle négligera de vous guider, tout comme un réveille-matin négligera de vous réveiller, s'il n'est pas configuré à cette fin.

Ici encore, je crois avoir réussi à exprimer ma pensée clairement!

Comment se fait-il que je me retrouve à être une autorité en la matière? Je suis une autorité parce que j'ai fait l'expérience du principe jusqu'à ce que je sache comment il fonctionne!

« Mais, » demanderez-vous, « comment puis-je être assuré que vous me dites la vérité? »

La réponse réside dans le fait que *vous le saurez seulement si vous en faites l'expérience par vous-même et observez ceux qui appliquent parfaitement ce principe et ceux qui ne l'appliquent pas.*

Si cette évidence a besoin d'appui alors, consultez toute personne que vous connaissez comme étant une personne qui a « essayé de s'en sortir » sans observer ce principe et si elle ne veut ou ne peut vous dire la vérité, vous pourrez quand même obtenir en analysant le caractère de la personne.

Il n'y a qu'une seule chose au monde qui nous procure un pouvoir réel et durable et c'est le *tempérament* d'une personne! La réputation, gardez cette notion à l'esprit, n'est pas le tempérament. La réputation est ce que les gens croient être; le tempérament est ce qu'ils *sont* vraiment! Si vous voulez être une personne très influente, soyez alors une personne qui a vraiment du *tempérament*.

Le tempérament est la pierre d'assise par laquelle tous ceux qui en ont peuvent transformer les métaux de base de leur vie en or pur. Sans tempérament, vous n'avez rien, vous n'êtes rien, vous ne pouvez rien être. Le tempérament est une chose que vous ne pouvez mendier, voler ou acheter. Vous pouvez l'acquérir qu'en le construisant; vous pouvez le construire, par vos actions et vos pensées, vous ne pouvez le construire d'aucune autre façon. À l'aide de l'autosuggestion, toute personne peut se forger un tempérament solide, peu importe son passé. Je veux insister sur le fait que tous ceux qui ont du tempérament ont de l'enthousiasme et une personnalité suffisante pour attirer à eux d'autres personnes qui ont aussi du tempérament.

Vous retrouverez ci-après trois consignes valables, quoique simples, à propos de la façon de développer de l'enthousiasme.

Premièrement : complétez les leçons restantes de ce cours, car vous retrouverez d'autres instructions importantes qui doivent être coordonnées avec celle-ci.

Deuxièmement : si vous ne l'avez pas déjà fait, écrivez votre but clairement défini en langage simple et clair et complétez-en la définition en écrivant un plan par lequel vous avez l'intention de transformer votre but en réalité.

Troisièmement : chaque soir, avant de vous retirer pour la nuit, relisez la description de votre but clairement défini et, en la lisant, voyez-vous (dans votre imagination) en pleine possession de l'objet de votre objectif. Faites cela avec une confiance totale en votre habileté à pouvoir transformer votre but clairement défini en réalité. Lisez tout haut, avec tout l'enthousiasme possible, en insistant sur chaque mot. Répétez cette lecture jusqu'à ce que votre petite voix intérieure vous dise que votre objectif sera réalisé. Parfois, vous ressentirez l'effet de cette voix intérieure la première fois que vous lirez votre but clairement défini, alors qu'à d'autres occasions, il vous faudra peut-être le lire douze fois, et même cinquante fois, avant de ressentir cette conviction. Mais surtout, n'arrêtez pas avant de la ressentir.

Une des plus grandes puissances du bien sur cette terre est la *foi*. À cette puissance merveilleuse, on peut revendiquer des miracles dont la nature est incomparable. Elle offre la paix sur la terre à tous ceux qui l'adoptent.

La foi comporte un principe dont les effets sont d'une portée telle que personne ne peut dire où en sont ses frontières, ni même si elle en a. *Donc, écrivez dans la description de votre but clairement défini une description des qualités que vous avez l'intention de développer en vous-même et le rang social que vous désirez atteindre et, en lisant cette description chaque soir, ayez foi qu'il vous est possible de transformer cet objectif en réalité.* Vous ne pouvez vraiment pas manquer la suggestion contenue dans cette leçon.

Pour atteindre la réussite, vous devez être une personne *d'action*. Simplement *savoir* n'est pas suffisant. Les deux sont absolument nécessaires : savoir et agir.

L'enthousiasme est la source essentielle de l'esprit qui stimule une personne à transposer ses connaissances en action.

Si vous pensez n'avoir pas été choyé par la vie, lisez *Up From Slavery* de Booker T. Washington, et vous saurez alors à quel point vous avez été chanceux, malgré tout.

Billy Sunday est le meilleur prédicateur jamais connu. Dans le but d'étudier sa technique et de vérifier ses méthodes psychologiques, j'ai suivi le révérend dans trois de ses campagnes.

Son succès est très largement basé sur un seul mot : ENTHOUSIASME!

En utilisant efficacement la loi de la suggestion, Billy Sunday transmet son propre esprit d'enthousiasme à l'esprit de ses adeptes et son influence agit sur eux. Il *vend* ses sermons à ses fidèles en utilisant exactement la même sorte de stratégie qu'emploient bien des maîtres-vendeurs.

L'enthousiasme est aussi essentiel à un vendeur que l'eau l'est à un canard!

Tous les directeurs de vente qui ont réussi comprennent la psychologie de l'enthousiasme et s'en servent de façons diverses comme d'une méthode pratique pour aider leur groupe à conclure encore plus de ventes.

Pratiquement toutes les organisations de vente ont des réunions afin de revitaliser l'esprit des membres de l'équipe de vente et ainsi leur injecter l'esprit d'enthousiasme, ce qui se fait le mieux en regroupant les membres, par la psychologie de groupe.

Ces réunions de vendeurs pourraient aussi être appelées réunions de « renouveau », puisque leur but est de renouveler l'intérêt et d'éveiller l'enthousiasme ce qui permettra aux vendeurs de se remettre dans l'action avec une ambition et une énergie renouvelées.

Durant son administration en tant que directeur des ventes de la National Cash Register Company, Hugh Chalmers (qui devint plus tard célèbre dans l'industrie automobile) dut faire face à une situation des plus embarrassantes qui menaçait de faire disparaître son poste ainsi que ceux de milliers de vendeurs sous sa direction.

La compagnie était en difficultés financières. Ce fait fut connu de tous les vendeurs et le résultat fut tel qu'ils perdirent leur enthousiasme. Les ventes commencèrent à décliner jusqu'à ce que finalement les conditions deviennent si alarmantes qu'une réunion générale de l'organisation de vente fut convoquée au siège social de la compagnie, à Dayton, Ohio. Tous les vendeurs à l'échelle nationale y furent convoqués.

Monsieur Chalmers présida la rencontre. Il commença en demandant à plusieurs de ses meilleurs vendeurs de se lever et de témoigner de leur opinion en raison du marché actuel et du fait que les commandes aient ralenti. Chacun se levait et faisait un rapport d'histoires plus épouvantables les unes que les autres. Les conditions économiques étaient mauvaises, l'argent se faisait rare, les gens retenaient leurs achats jusqu'après les élections présidentielles. Lorsque le cinquième vendeur commença à énumérer les difficultés qui l'ont empêché de rencontrer son quota de ventes, monsieur Chalmers se leva sur une table, d'un geste des mains réclama le silence, et dit : « Arrêtez! Je demande une pause de dix minutes, le temps de faire cirer mes chaussures. »

Puis, se tournant vers un jeune homme, il lui fit signe d'apporter son nécessaire à cirage et de polir ses chaussures, exactement là où il se tenait déjà debout sur la table.

La stupéfaction se lisait sur le visage des vendeurs! Les vendeurs se mirent à chuchoter entre eux. Pendant ce temps, le jeune homme cira la première chaussure, puis la seconde, prenant tout le temps nécessaire et faisant son travail à la perfection.

Lorsque le cirage fut terminé, monsieur Chalmers paya le garçon, puis reprit son discours :

« J'aimerais que chacun de vous regarde bien ce jeune homme. Il détient la concession de cirage de chaussures dans l'usine et dans les bureaux. Son prédécesseur était plus âgé que lui, et malgré le fait que la compagnie lui remettait un salaire, il n'a pu gagner sa vie dans cette usine, où travaillent des milliers de personnes.

« Non seulement ce jeune homme gagne-t-il bien sa vie sans être subventionné par la compagnie, mais il épargne de l'argent chaque semaine, en travaillant dans les mêmes conditions, dans la même usine, pour les mêmes personnes.

« Maintenant, je désire vous poser une question : à qui revient la faute si son prédécesseur ne gagnait pas plus d'argent? Était-ce sa faute ou celle de ses clients? »

Simultanément, les représentants répondirent :

« C'*était la faute de l'homme plus âgé, bien sûr!* »

« Exactement, répondit Chalmers. Maintenant, permettez-moi de vous dire ceci : vous vendez des caisses enregistreuses dans le même territoire, aux mêmes personnes, avec exactement les mêmes conditions économiques qui existaient l'an dernier et, pourtant, vous ne produisez pas les mêmes ventes que vous le faisiez auparavant. Alors, à qui la faute? La vôtre ou celle des acheteurs? »

Là encore, une clameur vint du groupe :

« C'*est la nôtre, bien sûr!* »

« Je suis heureux de votre honnêteté à reconnaître vos erreurs et je désire maintenant vous dire en quoi consiste votre problème : vous avez entendu des rumeurs indiquant que cette compagnie faisait face à des difficultés financières et cela a détruit votre enthousiasme. Donc, vous ne fournissez plus autant d'efforts que dans le passé. Si vous retournez dans vos territoires en faisant une promesse ferme de conclure chacun cinq ventes dans les trente prochains jours, cette compagnie se sera relevée de ses difficultés financières, car ces ventes additionnelles auront sorti la compagnie de l'impasse dans laquelle elle se trouve temporairement. Êtes-vous prêts à relever le défi? »

C'est par l'affirmative qu'ils répondirent et c'est ce qu'ils firent.

Cet incident est gravé dans l'histoire de cette compagnie sous le nom de *Cirage de chaussures d'un million de dollars* de Hugh Chalmers, car on dit que cela amena une nouvelle vague de croissance économique qui rapporta à la compagnie des millions de dollars.

L'enthousiasme ne connaît pas la défaite! Le directeur des ventes qui sait comment déployer une armée de vendeurs enthousiastes peut fixer un prix sur la valeur de ses services. Plus important encore, il peut augmenter la capacité de gagner de chaque personne sous sa direction. Ainsi, l'enthousiasme du directeur des ventes bénéficie non seulement à lui-même, mais probablement à des centaines d'autres personnes.

L'enthousiasme n'est jamais une question de chance. Il y a certains *stimuli* qui génèrent l'enthousiasme; les plus importants étant les suivants :

1. Travailler dans un domaine que l'on aime.

2. Un milieu où il est possible d'entrer en contact avec d'autres personnes enthousiastes et optimistes.

3. Le succès financier.

4. La maîtrise complète et l'application des dix-sept lois du succès dans le travail quotidien.

5. Une bonne santé.

6. Savoir que nous avons aidé d'autres personnes de manière serviable.

7. De beaux vêtements appropriés aux besoins de son travail.

Ces sources de stimulation s'expliquent par elles-mêmes, à l'exception de la dernière. La psychologie de l'habillement est comprise par très peu de gens et sera donc expliquée ci-après. Les vêtements constituent la partie la plus importante de la présentation d'une personne afin qu'elle se sente radieuse, confiante, pleine d'espoir et enthousiaste.

METTEZ DE L'ENTRAIN, DE LA FORCE ET DE LA VITALITÉ DANS TOUS LES MOUVEMENTS DE VOTRE CORPS. QUE CE QUE VOUS DÉGAGEZ SOIT L'ÉNERGIE DE QUELQU'UN QUI EST DÉTERMINÉ À S'ÉLEVER POUR QUELQUE CHOSE ET D'ÊTRE QUELQU'UN! OSEZ SORTIR DE LA MASSE ET DÉBLAYEZ VOTRE PROPRE CHEMIN.

-Orison Swett Marden

LA PSYCHOLOGIE DE LA TENUE VESTIMENTAIRE

COMMENTAIRE

Inutile d'ajouter que ce qui est acceptable de porter dans les affaires d'aujourd'hui est de loin ce qui pouvait être considéré comme approprié au cours de la première partie du vingtième siècle. En lisant ce qui suit, il est fort possible que vous vous demandiez ce que Napoleon Hill, qui portait des cols de chemises rigides et des guêtres, pourrait bien dire au monde d'aujourd'hui qui profite du « vendredi relax » et que des transactions de millions de dollars soient conclues par des gens habillés en jeans ou en coton ouaté.

Les éditeurs vous assurent qu'en continuant votre lecture, il vous deviendra évident que la philosophie derrière les mots dépasse la mode de toute ère particulière et, qu'en fait, la psychologie de monsieur Hill à propos de la tenue vestimentaire marque un point bien plus significatif que de se poser la question : « Est-ce que je peux porter un complet rayé ? »

Quand la bonne nouvelle arriva des champs de bataille, le 11 novembre 1918, je ne détenais pas beaucoup plus de possessions matérielles que j'en avais à ma naissance.

La guerre avait détruit mon entreprise et m'avait forcé à repartir à neuf.

Ma garde-robe se composait de trois complets sérieusement usés et de deux uniformes dont je n'avais plus besoin.

Sachant très bien que les gens se forment une première impression durable des autres influencés par les vêtements qu'ils portent, rapidement, je me rendis chez mon tailleur. Il me connaissait depuis des années et ne me jugeait pas d'après ma tenue vestimentaire. Si cela avait été le cas, j'aurais été dans l'embarras.

Avec moins d'un dollar en poche, je choisis le tissu pour trois des complets les plus coûteux que j'aie jamais possédés et demandai qu'on me les confectionne sans délai. Les trois complets coûtaient 375 $!

Je n'oublierai jamais la remarque faite par le tailleur lorsqu'il prit mes mesures. Jetant d'abord un coup d'œil aux échantillons des tissus sélectionnés, il me dit : « Un dollar par année? »

COMMENTAIRE

> *Le terme « un dollar par année » était utilisé en référence aux individus qui étaient suffisamment riches pour laisser leurs commerces être gérés par d'autres et mettre leur temps et leurs habiletés à contribution pour aider le gouvernement à gérer des industries essentielles durant la Première Guerre mondiale. En échange de leur effort de guerre, ils étaient payés un dollar par année.*

« Non, lui répondis-je, si j'avais eu assez de chance pour faire partie de ce projet gouvernemental, j'aurais suffisamment de liquidités pour vous payer ces complets. »

Surpris, le tailleur me regarda. Je ne crois pas qu'il ait compris ma blague. »

L'un des complets était d'un magnifique gris foncé, l'autre était bleu foncé et le troisième, bleu pâle avec de fines lignes blanches.

Heureusement, je m'entendais bien avec mon tailleur. Donc, il ne me demanda pas quand j'envisageais payer pour ces costumes dispendieux. Je savais que je pouvais et que j'allais payer en temps opportun, mais aurais-je pu le convaincre de cela? C'était la pensée qui me trottait dans la tête espérant qu'il ne soulève pas la question.

Je rendis visite par la suite à ma mercerie préférée de qui j'avais déjà acheté trois costumes de moindre qualité et un assortiment complet de chemises, cravates et chaussettes.

Démontrant une fière allure de prospérité, nonchalamment, je signai la facture. Un nouveau sentiment d'indépendance et de réussite m'a dès lors envahi, et cela, même avant d'avoir revêtu mes nouveaux achats.

Je revenais de la guerre et j'étais déjà endetté de six cent soixante-quinze dollars, tout cela en moins de vingt-quatre heures.

Le jour suivant, le premier des trois costumes achetés à la mercerie me fut livré. Je l'ai immédiatement revêtu, plaçai un mouchoir décoratif dans la poche extérieure du veston, mis les cinquante dollars que j'avais empruntés en échange d'une bague dans ma poche de pantalon et je partis marcher sur l'avenue Michigan, à Chicago, me sentant aussi riche que Rockefeller.

Chaque matin, je revêtais un nouveau costume et je retournais marcher sur la même rue, à la même heure, car c'était l'heure qu'un éditeur prospère sortait habituellement pour aller déjeuner.

Je m'assurai de lui parler chaque jour et, occasionnellement, nous nous arrêtions pour échanger quelques mots. Après environ une semaine de ce stratège, un jour, lorsque je le rencontrai à nouveau, je décidai de voir de mes propres yeux s'il allait me laisser passer sans lui adresser la parole.

Le surveillant du coin de l'œil, je regardais devant moi et j'étais sur le point de le dépasser lorsqu'il m'arrêta et m'incita à me rendre sur le bord du trottoir, plaça sa main sur mon épaule, m'examina de la tête aux pieds et dit : « Vous avez réellement l'air prospère pour quelqu'un qui vient tout juste de remettre son uniforme. Qui fabrique vos vêtements? »

« Bien, dis-je, Wilkie and Sellery ont confectionné celui-ci. »

Il voulut alors savoir dans quelle sorte de commerce j'étais engagé. Je lui répondis : « Oh! Je prépare la copie d'un nouveau magazine que je désire publier. »

« Un nouveau magazine? » s'enquit-il. « Comment allez-vous l'appeler? »

« Il s'intitulera, la *Règle d'or de Hill.* »

« N'oubliez pas », me répondit-il, « que je suis dans le commerce de l'imprimerie et de la distribution de magazines. Je pourrais sûrement vous offrir mes services. »

C'était le moment dont je rêvais. Je peux vous assurer que cette conversation n'aurait jamais eu lieu si cet éditeur ne m'avait pas aperçu marchant le long de cette rue, chaque jour, ayant un air de chien battu sur mon visage, portant un costume défraîchi et un air de perdant dans les yeux.

Une apparence de prospérité attire toujours l'attention, et cela, sans aucune exception. De plus, un air de prospérité attire l'attention favorablement, parce que c'est le désir dominant de chaque être humain d'être prospère.

Mon nouvel ami, éditeur de métier, m'invita à déjeuner à son club privé. Avant que le café et les cigares aient été offerts, il avait réussi à obtenir le contrat de l'impression et de la distribution de mon nouveau magazine.

Au bénéfice de ceux qui ne sont pas familiers avec le domaine de l'édition, laissez-moi vous indiquer qu'un capital considérable est requis pour lancer un nouveau magazine à l'échelle nationale.

Le capital nécessaire pour lancer mon magazine était bien au-delà de trente mille dollars et chaque dollar fut obtenu par rapport à la façon dont je m'habillais et, peut-être plus important encore, le sentiment que ma tenue vestimentaire générait en moi.

Aux yeux de certains, ces achats peuvent sembler être une impardonnable extravagance, de la part de quelqu'un qui était sans le sou, de s'être autant endetté. La psychologie derrière cet investissement le justifie amplement.

L'apparence de prospérité ne fit pas seulement une impression favorable chez ceux de qui je devais obtenir des faveurs, mais encore plus important, c'était l'effet que générait sur moi le fait d'être bien vêtu.

Je ne savais pas seulement que d'être bien vêtu impressionnerait les autres de manière aussi favorable, mais je savais aussi que de beaux vêtements me procureraient un air d'indépendance sans lequel je ne pouvais espérer rebâtir ma fortune.

Je reçus ma première formation sur la psychologie d'une tenue vestimentaire adéquate de mon ami Edwin C. Barnes dont j'ai parlé précédemment, le jeune homme qui a voyagé sur un train de marchandises (incapable de trouver l'argent nécessaire pour acheter un billet de train). Je n'ai pas précisé alors le fait que lorsque monsieur Barnes arriva, il avait annoncé lorsqu'il se présenta au bureau de monsieur Edison qu'il était venu pour créer un partenariat avec lui.

Presque tout le monde dans l'usine lui rit au nez, à l'exception de monsieur Edison lui-même. Il vit quelque chose dans la mâchoire à la forme carrée et au visage déterminé du jeune Barnes que la plupart des autres ne virent pas, malgré le fait que ce jeune homme ressemblait davantage à un voyou que d'un futur partenaire du plus grand inventeur au monde.

Barnes débuta en tant que balayeur dans les bureaux de monsieur Edison! C'était tout ce qu'il voulait – juste une chance de mettre le pied dans l'engrenage de l'organisation de Edison. À partir de ce moment, il fit l'histoire.

Par la suite, il devint multimillionnaire, heureux d'être un associé inestimable de monsieur Thomas A. Edison. Il s'est plus tard retiré du monde des affaires même s'il était encore un tout jeune homme et qu'il utilisait presque tout son temps dans ses deux magnifiques demeures situées à Bradenton en Floride et à Damariscotta dans le Maine.

J'ai connu Barnes au cours des premiers jours de son association avec Edison, avant qu'il ne soit "parvenu" à sa réussite.

À cette époque, il possédait la plus grande et la plus dispendieuse collection de vêtements que je n'avais jamais vu être possédée par une seule personne. À cette époque, il profitait de la plus grande et la plus dispendieuse collection de vêtements que j'avais jamais vu une seule personne posséder. Sa penderie contenait trente-et-un costumes; un pour chaque jour du mois. Il ne portait jamais le même costume deux jours d'affilée.

Un jour, avec un brin d'humour, je lui demandai de me réserver certains de ses vieux costumes dont il n'avait plus besoin. Il m'informa alors qu'il ne possédait pas un seul costume dont il n'eut besoin.

Il me prodigua alors une leçon à propos de la psychologie de la tenue vestimentaire dont il vaut la peine de se souvenir : « Je ne porte pas tous ces costumes dans le seul but d'impressionner les autres; je le fais surtout pour le sentiment qu'ils me procurent. »

Barnes me raconta alors son histoire à propos du jour où il se présenta à l'usine de Thomas Edison pour obtenir un emploi. Il lui fallut faire le tour du complexe une douzaine de fois avant d'avoir assez de courage pour se présenter parce qu'il savait qu'il avait davantage l'air d'un sans-abri que d'un employé désirable.

Il a été dit de Barnes qu'il a été le vendeur le plus performant jamais associé au grand inventeur. Sa fortune entière a été amassée grâce à ses habiletés dans l'art de la vente, mais il a souvent exprimé qu'il n'aurait jamais pu atteindre ces résultats qui l'ont rendu riche et célèbre, si ce n'eut été de sa compréhension de la psychologie de la tenue vestimentaire.

Au cours de ma vie active dans le monde des affaires, j'ai rencontré bien des vendeurs. À l'intérieur d'une période de dix ans, j'ai personnellement formé et dirigé les efforts de plus de trois mille vendeurs, et j'ai observé que, sans la moindre exception, les meilleurs performants étaient des gens qui comprenaient et faisaient un bon usage de la psychologie de la tenue vestimentaire. Je n'ai encore jamais vu personne de mal fagoté qui devint un vendeur étoile.

J'ai étudié la psychologie de la tenue vestimentaire durant un long moment et j'ai surveillé son effet sur les gens de tant de milieux sociaux différents que je suis vraiment convaincu qu'il y a un rapport étroit entre l'habillement et le succès.

NOUS AGISSONS COMME SI LE CONFORT ET LE LUXE ÉTAIENT LES PLUS GRANDS BESOINS DE LA VIE, QUANT TOUT CE QUE NOUS AVONS VRAIMENT BESOIN POUR ÊTRE HEUREUX EST UN OBJECTIF ENVERS LEQUEL NOUS SOMMES ENTHOUSIASMÉS.

-Charles Kingsley

Personnellement, je ne ressens pas le besoin de posséder trente-et-un costumes assortis, mais si ma personnalité exigeait une telle garde-robe, je ferais tout pour l'avoir, quel qu'en soit le prix.

Il peut être vrai, comme l'a dit un poète bien connu, que « l'habit ne fait pas le moine », mais nul ne peut nier que de beaux vêtements de qualité rapportent beaucoup et longtemps.

La banque vous prêtera généralement tout l'argent que vous voulez, même lorsque vous n'en avez pas besoin - lorsque vous êtes prospère - mais n'allez jamais à la banque réclamer un prêt, mal vêtu et affichant un regard de chien battu, car on vous montrera la porte. Le succès attire le succès! Il est impossible d'échapper à cet état de fait. Donc, si vous désirez attirer le succès, assurez-vous d'avoir l'air de quelqu'un qui réussit, que vous soyez un ouvrier ou un homme d'affaires.

Au bénéfice de ceux qui doutent de cette philosophie et qui pourraient refuser de recourir à cette vérité comme moyen de réussite, permettez-moi de vous dire que la vraie leçon enseignée c'est que pratiquement toute personne ayant déjà réussi a découvert une forme de stimulation à travers laquelle elle pouvait se motiver elle-même à faire un plus grand effort.

À plusieurs reprises, il m'est arrivé de m'entretenir avec des collègues qui portaient le fardeau de l'inquiétude. Il était possible de le constater à même les traits de leur visage qui, heureusement, sont quand même arrivés à redresser les épaules, relever leur menton, adoucir leur visage avec un sourire confiant et se mettre au travail avec cette sorte d'enthousiasme qui ne connaît pas la défaite.

Le changement se produisit dès l'instant où l'harmonie de leur objectif s'est établie.

Si une personne poursuit sa route dénuée d'enthousiasme, elle est vouée à l'échec. Rien ne peut la sauver jusqu'à ce qu'elle change *volontairement* d'attitude mentale et apprenne de quelle façon stimuler son esprit et son corps à un haut degré d'enthousiasme, et cela, *aussi souvent qu'elle le désire.*

Nous vous rappelons, une fois de plus, que votre but dans la vie est d'atteindre le succès!

Grâce à la motivation que vous retirerez de l'étude de cette philosophie, vous serez alors capable de créer un *projet clairement défini* qui vous hissera à de hauts sommets de réalisation. Pourtant, aucun projet ne peut produire ce résultat désiré sans l'apport d'une quelconque influence qui vous stimulera, dans un esprit d'enthousiasme, à un point tel que vous fournirez un effort plus grand que celui que vous consacrez à vos occupations régulières.

Vous êtes maintenant prêt pour la leçon sur *la maîtrise de soi*, qui décrit la loi de l'équilibre de toute cette philosophie. Vous constaterez qu'elle crée un impact essentiel sur cette leçon, tout comme celle-ci a un lien direct avec les leçons précédentes à propos d'un but clairement défini, de la confiance en soi, de l'initiative et du leadership, ainsi que de l'imagination.

ALLONS SUR LA ROUTE EN CHANTANT,
AUSSI LOIN QUE POSSIBLE,
LA ROUTE SERA MOINS ENNUYANTE.

-Virgile

LES SEPT CAVALIERS MORTELS

Une visite après la leçon avec l'auteur

Les « sept cavaliers » sont étiquetés comme suit :
Intolérance, Avidité, Vengeance, Égotisme,
Méfiance, Jalousie et « ? ».

Le pire ennemi de toute personne est celui qui se trouve sous son propre chapeau.

Si vous pouviez vous percevoir comme les autres le font, vous pourriez découvrir et expulser les ennemis que vous hébergez dans votre personnalité. Les sept ennemis nommés dans cet essai sont les plus communs qui mènent des millions d'êtres humains à l'échec, et cela, sans le savoir. Votre succès sera mesuré en grande partie par la façon dont vous gérez votre bataille contre ces alertes cavaliers.

Si ces ennemis se promenaient en plein air, sur de véritables chevaux, ils ne seraient pas dangereux parce qu'ils pourraient être encerclés et mis hors service. Mais, ils circulent sans que nous les voyions dans notre esprit. Ils travaillent tellement silencieusement et subtilement que la plupart des gens ne reconnaissent jamais leur présence.

Faites un inventaire minutieux de vous-même et découvrez combien de ces sept cavaliers se dissimulent dans votre esprit.

À l'avant-plan, vous trouverez l'intolérance, le plus dangereux et le plus commun de ces cavaliers. Vous serez bien heureux si vous pouvez découvrir cet ennemi et vous protéger contre lui. Ce cruel guerrier a tué plus de gens, détruit plus d'amitiés, apporté plus de misère et de souffrance en ce monde et causé plus de guerres que les six autres cavaliers.

Tant que vous n'aurez pas maîtrisé l'intolérance, vous ne pourrez jamais penser avec exactitude. Cette ennemie de l'humanité ferme l'esprit et pousse la raison, la logique et les faits dans l'ombre. Si vous arrivez à détester ceux dont le point de vue est différent du vôtre, vous pouvez être certain que le plus dangereux des sept cavaliers mortels circule toujours librement dans votre cerveau.

TOUT GRAND ACCOMPLISSEMENT
DANS LES ANNALES DU MONDE
EST LE TRIOMPHE DE L'ENTHOUSIASME.

-Ralp Waldo Emerson

Ensuite viennent la vengeance et l'avidité. Ces cavaliers voyagent côte à côte. Là où l'on trouve le premier, l'autre le talonne de près. L'avidité déforme et déprave le cerveau d'une personne qui veut alors ériger une barrière autour de la terre et garder tous les autres en dehors. C'est l'ennemie qui en entraîne plusieurs à accumuler des millions de dollars, dont ils n'ont aucunement besoin et ne pourront jamais arriver à dépenser. C'est l'ennemie qui en stimule plusieurs à resserrer la vis jusqu'à ce qu'ils aient extirpé la dernière goutte du sang de ses pairs.

Et grâce à la vengeance qui voyage côte à côte avec l'avidité, la personne malheureuse qui laisse de l'espace dans son cerveau à ces jumelles cruelles n'est pas simplement satisfaite de prendre les possessions matérielles de son prochain; elle veut du même coup détruire sa réputation.

La vengeance est une épée dont la lame est à découvert;
Elle n'a ni poignée ni garde.
Tu veux posséder le pouvoir du Seigneur;
La tiens-tu alors ferme et fort?
Mais plus près est ta prise de la lame,
Plus mortel sera le coup,
Plus profonde sera la blessure faite dans ta main,
C'est ton sang qui rougira l'acier.
Et une fois que tu auras porté le coup,
Lorsque la lame se sera envolée de ta main,
Au lieu d'atteindre le cœur de ton ennemi,
Tu pourrais la retrouver enfoncée dans le tien.

Si vous voulez savoir combien la vengeance et l'avidité sont fatales, étudiez l'histoire de toute personne qui a décidé de devenir justicier du monde!

Si vous ne désirez pas entreprendre des recherches aussi fastidieuses, étudiez alors les gens qui vous entourent : ceux qui ont essayé et ceux qui maintenant essaient de bâtir leur propre nid aux dépens des autres. L'avidité et la vengeance sont aux croisements de la route, où elles font bifurquer vers l'échec et la misère toute personne qui voudrait prendre la route qui mène à la réussite. C'est votre obligation de ne pas leur permettre d'interférer avec vous lorsque vous arrivez à une de ces croisées de chemins.

Autant les individus que les nations déclinent rapidement lorsque l'avidité et la vengeance résident dans l'esprit de ceux qui sont en position de contrôle.

Le plus important de tout, regardez-vous *vous-même* et assurez-vous que ces deux ennemies exécrables ne galopent pas dans votre cerveau!

Tournez votre attention maintenant vers deux autres jumeaux de la destruction : l'égotisme et la méfiance. Remarquez qu'eux aussi voyagent côte à côte. Il n'y a aucun espoir de succès pour la personne qui souffre soit d'un excès d'amour-propre, soit d'un manque de confiance dans les autres.

Une personne à l'esprit analytique a déjà estimé que le plus grand club au monde est celui des « ça ne peut pas se faire ».

Si vous n'avez pas confiance dans les autres, vous ne possédez pas la semence du succès en vous. La méfiance est un microbe prolifique. Si on permet au microbe de s'agripper, il se multiplie rapidement jusqu'à ne plus laisser de place à la confiance.

Sans la confiance, nul ne peut jouir d'un succès durable.

À travers la Bible, on nous exhorte de l'importance d'avoir la foi. Avant que la civilisation se perde dans sa course folle pour accumuler des richesses, les gens comprenaient la puissance de la foi.

« Car, je vous le dis en vérité, si vous avez la foi gros comme un grain de sénevé, vous direz à cette montagne : 'Déplace-toi d'ici à là', et elle se déplacera, et rien ne vous sera impossible. »

L'écrivain de ce verset de la Bible comprenait une grande loi que peu de gens comprennent aujourd'hui. Il faut croire dans les gens si nous voulons qu'ils croient en nous. Supprimez la méfiance, car si vous ne le faites pas, elle vous anéantira.

Si vous voulez posséder la puissance, cultivez la foi en l'humanité!

L'égotisme fleurit là où la méfiance existe. Intéressez-vous aux autres et vous serez ainsi trop occupé pour vous complaire dans un excès d'amour-propre. Observez votre entourage dont chaque phrase commence par le pronom personnel « je », et vous remarquerez qu'ils sont méfiants des autres.

La personne qui peut s'oublier en s'engageant dans un service profitable à d'autres personnes n'est jamais affligée par la méfiance. Étudiez ceux qui vous entourent, qui sont à la fois méfiants et égotistes, et voyez combien de ces personnes vous pouvez nommer qui réussissent dans leur travail.

Et, tout en étudiant les autres, étudiez-vous!

Soyez certain de ne pas être dominé par l'égotisme et la méfiance.

Fermant la marche de ce groupe impitoyable de cavaliers, il y en a deux autres. L'un est la jalousie et le nom de l'autre a été délibérément omis. Chaque lecteur peut et devrait s'analyser afin de qualifier le septième cavalier du nom qui se rapporte à ce qu'il peut trouver dans son propre esprit.

Certains qualifieront ce cavalier de malhonnêteté. D'autres lui donneront le nom de procrastination. Quelques-uns l'appelleront désir sexuel incontrôlé. Quant à vous, donnez-lui le nom qui vous plaira, mais assurez-vous de lui donner un nom.

Peut-être votre propre imagination fournira-t-elle un nom approprié pour le compagnon de voyage qu'est la jalousie.

Vous serez mieux préparé à donner un nom à ce cavalier anonyme si vous savez que la jalousie est une forme de démence! Les faits sont parfois cruels à affronter. C'est un fait : la jalousie est une forme d'insanité connue du corps médical sous le nom de « dementia praecox ».

> Ô jalousie,
>
> L'ami le plus laid de l'enfer! Ton venin mortel
>
> S'attaque à mes organes vitaux, change la teinte rosée
>
> De mes joues fraîches en un teint cireux
>
> Et gobe mon esprit tout entier!

Vous noterez que la jalousie est juste derrière la méfiance. Certains lecteurs diront que la jalousie et la méfiance auraient dû chevaucher côte à côte, puisque l'une mène souvent à l'autre dans l'esprit des gens.

La jalousie est la forme de démence la plus commune. Elle cavale dans l'esprit autant des hommes que des femmes, parfois avec une cause réelle, mais trop souvent sans aucune raison.

Ce cavalier mortel est un grand ami des avocats spécialisés dans les cas de divorce!

Elle garde aussi les agences de détectives occupées jour et nuit. Elle a à son crédit plusieurs victimes de meurtres. Elle brise des foyers, transforme des mères en veuves et des enfants innocents en orphelins. La paix et le bonheur ne pourront jamais être vôtres tant et aussi longtemps que ce cavalier, la jalousie, vivra en toute liberté dans votre cerveau.

Un homme et sa conjointe peuvent vivre ensemble pour toute la vie dans la pauvreté et être quand même très heureux, si tous les deux sont libres de cette calamité qu'est la jalousie. Examinez-vous soigneusement et si vous trouvez une quelconque évidence de jalousie dans votre esprit, commencez dès maintenant à la maîtriser.

La jalousie existe sous plusieurs formes. Quand elle commence tout d'abord à ramper dans le cerveau, elle se manifeste un peu comme ceci :

« Je me demande bien où elle est et ce qu'elle fait quand je ne suis pas là? »

Ou : « Je me demande s'il ne voit pas une autre femme quand il est loin de moi? »

Mettez le pied sur le cou de la jalousie avant qu'elle ne vous saisisse à la gorge.

Après avoir lu cet essai, déposez-le et réfléchissez. Au début, vous pourriez penser : « Ça ne s'applique pas à moi. Je n'ai pas de cavaliers imaginaires dans mon cerveau. »

Ne vous leurrez pas! Le but de cet essai est de vous amener à vous voir tel que vous êtes réellement! Si vous souffrez de l'échec, de la pauvreté et de la misère, sous quelque forme que ce soit, il est alors certain que vous découvrirez un ou plusieurs de ces cavaliers mortels dans votre cerveau.

Soyez bien assuré d'une chose : ceux qui ont tout ce qu'ils veulent, y compris le bonheur et une bonne santé, ont expulsé les sept cavaliers mortels de leur cerveau.

Revenez à cet essai dans un mois, après que vous aurez eu le temps de vous analyser minutieusement. Lisez-le encore et il vous mettra peut-être face à face avec des *faits* qui vous libéreront d'un ou de plusieurs de ces cruels ennemis qui rôdent actuellement dans votre cerveau, et cela, sans que vous le sachiez.

LA PERSONNE
QUI POSSÈDE LA MAÎTRISE
D'ELLE-MÊME
EST LIBÉRÉE DE LA FORCE
QUI LIE TOUTES CRÉATURES.

-Johann Wolfgang von Goethe

LEÇON 8

LA MAÎTRISE DE SOI

Vous pouvez y arriver si vous y croyez!

Dans la leçon précédente, vous avez appris la valeur de l'enthousiasme. Vous avez aussi appris de quelle façon générer l'enthousiasme et transmettre son influence aux autres, par le principe de la suggestion.

Vous arrivez maintenant à l'étude de la *maîtrise de soi* par laquelle vous pouvez diriger votre *enthousiasme* à des fins constructives. Sans la *maîtrise de soi,* l'enthousiasme ressemble à l'éclair d'un orage qui peut frapper n'importe où et détruire la vie et les propriétés.

L'enthousiasme est la qualité essentielle qui vous stimule à passer à l'action, tandis que la *maîtrise de soi* est le levier qui équilibre votre action dans le but de construire plutôt que détruire.

La personne qui sait exactement ce qu'elle désire dans la vie a déjà fait beaucoup de chemin pour y parvenir.

COMMENTAIRE

> *La maîtrise de soi est l'habileté à diriger ses pensées, par conséquent ses actions, dans la poursuite d'un* but clairement défini. *Dans un sens très large, chaque leçon des* Lois du Succès *traite de la maîtrise de soi. Dans ce chapitre en particulier, Napoleon Hill explore la question par rapport à vos relations avec autrui.*

Pour être "bien équilibré", vous devez être une personne chez qui l'enthousiasme et la maîtrise de soi sont balancés. Un sondage que j'ai déjà mené auprès de 160 000 prisonniers des pénitenciers des États-Unis révèle le fait étonnant que 92 % de ces malheureux individus sont en prison parce qu'il leur manquait la maîtrise de soi nécessaire pour diriger leur énergie de façon constructive.

Relisez le paragraphe précédent; il est percutant et saisissant!

C'est un fait que la majorité des ennuis des êtres humains proviennent de leur manque de maîtrise de soi. Les Saintes Écritures sont pleines d'avertissements en faveur de la maîtrise de soi. Elles nous exhortent même d'aimer nos ennemis et de pardonner à ceux qui nous blessent.

Étudiez la vie de ceux que le monde qualifie de *grands* et constatez que *chacun d'eux possède cette qualité qu'est la maîtrise de soi!*

Par exemple, étudiez les caractéristiques de la vie d'Abraham Lincoln. En plein milieu des moments les plus tragiques de sa vie, les plus éprouvants, il mit en pratique la patience, l'assurance et la maîtrise de soi. Elles étaient quelques-unes des qualités qui firent de lui un grand homme. Il vécut la déloyauté chez certains membres de son Cabinet; mais, parce que cette déloyauté était envers lui personnellement et aussi parce que ceux en qui il la trouva avaient des qualités qui les rendaient valables à son pays, Lincoln exerça la maîtrise de soi et resta indifférent face à leur nature insupportable.

Combien de gens connaissez-vous qui ont assez de *maîtrise de soi* pour égaler la sienne?

Dans un langage plus énergique que respectueux, Billy Sunday s'exclama lors d'un sermon : « Il y a quelque chose d'aussi pourri que l'enfer chez celui qui essaie toujours de détruire son semblable! » Je me demande si le « diable » n'a pas hurlé « Amen! » lorsque Billy fit cette affirmation.

La *maîtrise de soi* devient un facteur important dans ce cours qui traite des lois du succès, parce que ceux qui ne la pratiquent pas doivent endurer la perte d'une grande puissance dont ils ont besoin dans leur cheminement vers la réalisation de leur but clairement défini!

Si vous négligez de mettre en pratique la *maîtrise de soi,* non seulement offenserez-vous les autres, mais vous êtes assuré de vous faire du mal!

Durant la première partie de ma carrière publique, j'ai découvert les ravages occasionnés par le manque de *maîtrise de soi* dans ma vie. Cette découverte m'enseigna une des leçons les plus importantes de ma vie.

Un jour, dans l'édifice où était situé mon bureau, le concierge et moi avons eu un malentendu. Cette situation mena à une violente forme d'aversion mutuelle. De manière à me montrer son mépris, ce concierge éteignait toutes les lumières, et cela, même s'il savait que j'étais seul à travailler dans mon bureau. Cela arriva à diverses occasions, jusqu'à ce que je décide finalement de contre-attaquer. Mon occasion se présenta un dimanche lorsque je me rendis au bureau pour préparer une allocution que je devais présenter le soir suivant. J'étais à peine assis à mon bureau, que les lumières s'éteignirent.

Je bondis sur mes pieds et courus au sous-sol de l'édifice, où je savais pouvoir trouver le concierge. Lorsque j'arrivai, je le trouvai très occupé, pelletant du charbon dans la fournaise, chantant comme si rien de rien n'était.

Sans cérémonie, je lui débitai un éventail d'injures et durant cinq minutes, je lui lançai violemment des sarcasmes plus brûlants que le feu qu'il nourrissait. Finalement, à court de mots, je dus ralentir mon débit de paroles. Alors, il se redressa, regarda derrière lui par-dessus son épaule, avec un large sourire et sur un ton calme et doux, assuré et en totale *maîtrise de lui-même,* me dit:

« Eh bien! Vous semblez un peu énervé ce matin! »

Cette remarque était aussi tranchante qu'une lame de rasoir! Imaginez mes sentiments, debout, devant un homme ne sachant ni lire ni écrire et qui, malgré ce handicap, m'avait vaincu dans un duel disputé sur le terrain - et avec l'arme - de mon propre choix.

Ma conscience pointa vers moi un doigt accusateur. Je savais que non seulement j'avais été vaincu, mais pire encore, je savais que j'étais l'agresseur et que *j'étais dans le tort,* ce qui ne servit qu'à intensifier mon humiliation.

Non seulement ma conscience dirigea-t-elle un doigt accusateur vers moi, mais encore plaça-t-elle des pensées fort embarrassantes dans mon esprit; elle me ridiculisa et me tourmenta. J'étais là, fier d'être étudiant en psychologie avancée, défenseur de la philosophie de la règle d'or, ayant au moins une honnête connaissance des œuvres de Shakespeare, Socrate, Platon, Emerson et de la Bible. Devant moi se tenait un homme qui ne connaissait rien à la littérature ou à la philosophie, mais qui, malgré son manque de connaissances, avait réussi à me terrasser dans une bataille de mots!

Je fis demi-tour et retournai à mon bureau aussi vite que je le pus. Je n'avais rien d'autre à faire. En y repensant, je découvris mon erreur, mais fidèle à ma nature, j'étais peu disposé à faire ce qu'il fallait faire pour réparer ma sottise. Je savais que je devrais m'excuser auprès de cet homme avant de pouvoir être en paix avec moi-même dans mon cœur et aussi avec lui. Finalement, je pris mon courage à deux mains et décidai de retourner au sous-sol et d'endurer cette honte que je savais devoir subir. La décision ne fut pas facile à prendre et il me fallut du temps avant d'en arriver à cette conclusion.

Je me rendis donc au sous-sol, mais je marchais bien plus lentement que lorsque j'étais descendu la première fois. J'essayais de penser à la façon de faire cette seconde approche pour la rendre la moins humiliante possible.

Quand j'arrivai au sous-sol, je demandai au concierge de venir à la porte. D'un ton calme et gentil, il me demanda : « Que voulez-vous, cette fois-ci? »

Je l'informai que j'étais revenu pour m'excuser du mal que j'avais fait, s'il voulait bien me le permettre. À nouveau, avec le même sourire de la fois précédente, il me dit : « Pour l'amour de Dieu, vous n'avez pas à vous excuser. Personne ne vous a entendu, sauf ces quatre murs, vous et moi. Je n'en dirai rien à personne et je suis sûr que vous n'en direz rien non plus, alors oubliez donc tout ça! »

Cette remarque me heurta plus que la première, car non seulement avait-il exprimé le désir de me pardonner, mais il avait indiqué sa volonté de m'aider à couvrir l'incident, afin que personne ne l'apprenne.

Je m'avançai vers lui et lui donnai la main. Je la serrai avec plus que ma main, avec mon cœur, et en retournant à mon bureau, je me félicitais d'avoir été assez courageux pour m'excuser du mal que j'avais fait.

Ceci n'est pas la fin de l'histoire. C'en est seulement le début! À la suite de cet incident, je résolus de ne plus jamais me placer dans une position telle qu'une autre personne puisse m'humilier parce que j'avais perdu la maîtrise de moi-même.

Après avoir pris cette résolution, un changement remarquable s'est effectué en moi. Mon travail d'écriture commença à prendre une plus grande puissance. Mes paroles commencèrent à avoir plus de poids. Je commençai à avoir plus d'amis et moins d'ennemis parmi mes relations. Cet incident marqua un des plus importants tournants de ma vie. Il m'apprit que personne ne peut contrôler les autres à moins de se contrôler d'abord lui-même. L'incident me procura une compréhension claire de la philosophie renfermée dans ces mots : « Ceux que les dieux veulent détruire, ils le rendent fou. » Il me donna aussi une conception claire de la loi de la non-résistance.

Cet incident mit dans mes mains le passe-partout d'une réserve de connaissances qui illumina la question et m'aida dans tout ce que je dus faire et, plus tard dans ma vie, quand des ennemis cherchèrent à me détruire, il me donna une puissante arme défensive qui ne m'a jamais trahi.

Le manque de *maîtrise de soi* est la faiblesse la plus nuisible d'un vendeur moyen.

LA CROISSANCE DE LA SAGESSE PEUT ÊTRE MESURÉE EFFICACEMENT PAR LE DÉCLIN D'UN TEMPÉRAMENT MALSAIN.

-Friedrich Nietzsche

Dans un des plus grands magasins de Chicago, j'ai été témoin d'un incident qui démontre l'importance de la *maîtrise de soi.* Une longue file de personnes se trouvait devant le comptoir des réclamations, racontant leurs problèmes et les torts du magasin à une jeune employée responsable. Certaines personnes étaient colériques et déraisonnables, et quelques autres émettaient des remarques désobligeantes. L'employée au comptoir recevait ces personnes renfrognées sans le moindre signe de contrariété devant leurs remarques. Le sourire aux lèvres, elle dirigeait ces gens aux rayons correspondants avec une grâce si charmante et une telle assurance que je m'émerveillai de sa *maîtrise d'elle-même.*

Debout, juste derrière elle, une autre employée prenait des notes sur des fiches qu'elle lui remettait, pendant que les clients de la filée d'attente se libéraient du poids de leurs ennuis. Ces fiches contenaient les points essentiels de ce que disaient les clients, sans mentionner leur caractère colérique et déplaisant.

L'employée souriante au comptoir qui « écoutait » les plaintes était *sourde!* Son assistante lui fournissait tous les faits nécessaires par les fiches qu'elle avait remplies.

Je fus si impressionné de ce plan ingénieux que je cherchai le gérant du magasin pour l'interviewer. Il me dit qu'il avait choisi une femme sourde pour une des plus importantes et éprouvantes positions du magasin, parce qu'il avait été incapable de trouver une seule autre personne possédant assez de *maîtrise de soi* pour occuper le poste.

Comme je regardais cette file de personnes en colère, je pus constater l'effet plaisant que le sourire de l'employée avait sur eux. Même les clients qui arrivaient devant elle hurlant comme des loups repartaient souvent aussi dociles et tranquilles que des brebis. La maîtrise de cette employée les avait rendus honteux d'eux-mêmes. Dans tous les domaines, ceux qui se contrôlent sont habituellement à la tête d'un groupe, quel qu'il soit.

La chance n'est pas une question de hasard, mais de labeur. Le précieux sourire de la fortune ne s'adresse qu'à celui qui le mérite.

-Emely Dickinson

Il n'y a aucun doute que les gens qui refusent ou négligent d'exercer la maîtrise de soi repoussent littéralement une multitude d'occasions, et cela, sans le savoir.

Par un après-midi pluvieux, une dame âgée entra dans un grand magasin de Pittsburgh et se promena à la manière de quelqu'un qui n'a aucunement l'intention d'acheter quoi que ce soit. La plupart des vendeurs la jugèrent d'un bref coup d'œil et s'affairèrent à mettre en ordre les marchandises sur leurs tablettes pour éviter qu'elle les dérange. Un de ces jeunes vendeurs la remarqua et se fit un devoir de lui demander poliment s'il pouvait l'aider. Elle lui expliqua qu'elle s'attardait dans l'attente que la pluie cesse, qu'elle ne désirait faire aucun achat. Le jeune homme l'assura qu'elle était la bienvenue et entamant une conversation avec elle, lui fit ressentir qu'il pensait ce qu'il disait. Quand elle fut prête à partir, il l'accompagna vers la rue et lui ouvrit son parapluie. Elle lui demanda sa carte et le remercia.

L'incident avait été oublié par le jeune commis quand, un jour, il fut appelé au bureau du président de la compagnie où on lui montra une lettre d'une dame qui voulait qu'un vendeur aille en Écosse prendre l'inventaire des besoins de son manoir.

La dame était la mère d'Andrew Carnegie; il s'agissait de la même dame que le jeune homme avait si courtoisement raccompagnée à la rue, plusieurs mois auparavant.

Dans sa lettre, madame Carnegie spécifiait que ce jeune homme était celui qu'elle désirait qu'on envoie pour effectuer ce travail. Cette commande s'élevait à une somme énorme; l'incident procura au jeune homme une occasion d'avancement qu'il n'aurait peut-être jamais obtenue, n'eût été sa courtoisie envers une dame âgée qui n'avait aucune intention d'acheter quoi que ce soit le jour où il la rencontra.

Tout comme les grandes lois fondamentales de la vie font partie des expériences les plus banales de chaque jour, la plupart d'entre nous ne remarquent pas les vraies occasions qui se cachent souvent dans des situations, apparemment, sans importance de notre vie quotidienne.

Demandez aux dix prochaines personnes que vous rencontrerez les raisons pour lesquelles elles n'ont pas accompli davantage dans leur profession respective; au moins neuf d'entre elles vous diront que les occasions ne semblaient jamais se trouver sur leur chemin. Allez une étape plus loin et analysez correctement chacune de ces neuf personnes en observant leurs actions pendant une seule journée et il y a de bonnes chances que vous découvriez que chacune d'elles repousse les plus belles occasions chaque heure du jour.

Un jour, je suis allé visiter un ami qui était recruteur d'étudiants pour une école commerciale. Quand je lui demandai comment ça allait pour lui, il répondit : « Terrible! Je vois beaucoup de gens, mais je ne fais pas assez de ventes pour bien gagner ma vie. Je pense changer d'emploi, car je n'ai pas de possibilité d'avancement ici. »

Comme j'étais en vacances et que je pouvais disposer d'une dizaine de jours de la façon dont je le voulais, je le pris alors au mot à propos de sa remarque de l'absence de possibilité d'avancement. Je lui dis que je pourrais gagner 250 $ dans son emploi en une semaine et que, par la suite, je pourrais lui montrer comment faire la même chose, chaque semaine. Étonné, il me demanda de ne pas plaisanter à propos d'un sujet aussi important. Quand il fut enfin convaincu de mon sérieux, il se risqua à me demander de quelle façon je pensais réaliser un tel exploit.

Je l'informai qu'en utilisant le principe de *l'effort organisé*, il pourrait trouver cinq à dix personnes qui suivraient les cours, et cela, avec la même quantité d'efforts qu'il avait investis auparavant, sans aucun résultat. Il répondit qu'il était désireux d'apprendre et je lui demandai de planifier une conférence que je donnerais devant les employés d'un grand magasin. Il organisa la rencontre où je pus livrer mon message. Dans mon allocution, je traçai un plan selon lequel les employés pourraient non seulement augmenter leurs habiletés et ainsi gagner plus d'argent dans leur emploi actuel, mais que le programme de cours leur offrait aussi la possibilité de se préparer à de plus grandes responsabilités donc, de meilleurs emplois. À la suite de mon allocution, dont le but était de recruter de nouveaux étudiants, mon ami inscrivit huit de ces employés désireux de suivre des cours du soir à l'école commerciale pour laquelle il était recruteur.

Le soir suivant, il programma une autre conférence similaire devant les employés d'une buanderie, à la suite de laquelle il inscrivit trois autres étudiants, dont deux étaient de jeunes femmes qui travaillaient à la laverie dans des conditions très difficiles.

Deux jours plus tard, il me fit faire une allocution devant les employés d'une banque locale, après quoi il inscrivit quatre autres étudiants, un total de quinze nouveaux étudiants. Toute cette mise en scène prit moins de six heures, y compris le temps requis par les conférences et l'inscription des étudiants.

La commission que reçut mon ami sur ces ventes de cours fut d'un peu plus de quatre cents dollars!

Les lieux de travail des nouveaux étudiants étaient situés à moins de quinze minutes de marche de l'école commerciale, mais il n'avait jamais pensé regarder près de l'école pour chercher des étudiants. Jamais non plus il n'avait pensé à s'associer à quelqu'un qui pourrait l'aider à donner des conférences pour lui. Mon ami possède aujourd'hui une école commerciale réputée.

Aucune occasion ne vient à vous? Il est possible qu'elles viennent vers vous, sans que vous les remarquiez. Peut-être qu'à l'avenir, en vous préparant, à l'aide de ce cours sur les lois du succès, vous reconnaîtrez une occasion quand elle se présentera. La sixième leçon de ce cours portait sur le sujet de l'imagination qui représente l'élément clé qui entrait en jeu dans cette transaction avec mon ami. L'imagination, combinée à un plan clairement défini, auquel on ajoute la confiance en soi et l'action, étaient les éléments principaux entrant en jeu dans cette entente. Vous savez maintenant comment utiliser ces lois, et avant d'en avoir fini avec cette leçon, vous comprendrez comment les diriger par la *maîtrise de soi.*

Examinons maintenant la portée de la signification du terme la *maîtrise de soi.* Une personne qui détient une bonne maîtrise d'elle-même ne cède pas à la haine, l'envie, la jalousie, la peur, la vengeance ou toute autre émotion destructrice similaire. Une personne qui possède la maîtrise d'elle-même ne tombe pas dans l'excès de joie ni dans un enthousiasme incontrôlable envers quoi que ce soit.

L'avidité, l'égoïsme et une approbation de soi-même excessive indiquent le manque de *maîtrise de soi* dans une de ses formes les plus dangereuses. La confiance en soi est une des qualités indispensables à la réussite, mais quand cette faculté est développée au-delà des limites du raisonnable, elle devient alors très dangereuse.

L'esprit de sacrifice est une qualité digne de mention, mais quand il est porté à l'extrême, il devient lui aussi une des formes dangereuses du manque de *maîtrise de soi.*

Il vous appartient d'interdire à vos émotions de placer votre bonheur entre les mains d'une autre personne. L'amour est essentiel au bonheur, mais la personne qui aime si profondément qu'elle en vient à remettre son bonheur entièrement entre les mains d'une autre a véritablement perdu tout contrôle d'elle-même.

Une personne en pleine *maîtrise d'elle-même* ne se laissera pas influencer par une personne cynique ou pessimiste; pas plus qu'elle ne permettra à une autre personne de penser à sa place.

Une personne en pleine *maîtrise d'elle-même* stimulera son imagination et son enthousiasme, et cela, jusqu'à ce qu'ils aient produit l'*action*, mais elle contrôlera alors son action, et cela, sans permettre de se laisser contrôler par elle.

Une personne en pleine *maîtrise d'elle-même,* en aucune circonstance, ne calomniera une autre personne ou recherchera la vengeance pour quelque raison que ce soit.

Une personne en pleine *maîtrise d'elle-même* ne détestera pas ceux qui sont en désaccord avec elle; plutôt, elle s'efforcera de comprendre la raison de leur mésentente, afin d'en tirer profit.

Nous voici maintenant devant une forme de manque de maîtrise de soi qui cause plus de chagrin que toutes les autres formes combinées : c'est l'habitude de se faire une opinion avant de prendre le temps d'analyser les faits. Vous verrez que ce sujet est couvert davantage dans la leçon onze qui consiste à penser avec exactitude, mais le sujet de la maîtrise de soi ne pourrait être couvert sans, au moins, accorder une référence à ce mal commun auquel nous sommes tous plus ou moins dépendants.

Personne n'a le droit de se former une opinion qui ne soit basée soit sur ce qu'il croit être les faits, soit sur une hypothèse raisonnable. Pourtant, en vous observant consciencieusement, vous vous surprendrez à vous former des opinions basées sur rien d'autre que votre seul désir qu'une chose soit ou ne soit pas.

Une autre forme très grave de manque de maîtrise de soi est l'habitude de dépenser au-delà de ses moyens financiers.

Il n'est pas très risqué d'assumer que vous vous démenez pour réussir, autrement vous ne seriez pas en train de lire ce livre. Laissez-moi donc vous rappeler qu'un petit compte d'épargne vous attirera bien des occasions qui ne se présenteraient pas sans cela. Le contenu du compte d'épargne n'est pas aussi important que le fait que vous ayez établi l'habitude d'épargner, car cette habitude vous identifie comme étant une personne qui met en pratique une forme importante de *maîtrise* de soi.

La tendance moderne de ceux qui travaillent à salaire est de le dépenser en entier. Si une personne reçoit 15 000 $ par an et s'organise pour en vivre vraiment bien, lorsqu'elle reçoit une augmentation de 1 000 $ par année, continuera-t-elle à vivre avec ces 15 000 $ et placera-t-elle son augmentation de salaire à la banque en épargne ou investissements? Non, à moins d'être une des rares personnes à avoir développé *l'habitude* de l'épargne. Que fera-t-elle alors de ses 1 000 $ additionnels? Elle vendra sa vieille voiture pour en acheter une neuve, plus coûteuse, et à la fin de l'année, elle sera plus pauvre avec 16 000 $ qu'elle ne l'était l'année précédente avec un revenu de 15 000 $.

Si vous parlez lorsque vous êtes en colère,
vous prononcerez alors un discours
que vous regretterez longtemps.

-Ambrose Birce

Quelque part entre l'avare qui amasse dans un vieux bas chaque *sou* sur lequel il met la main et la personne qui dépense tout ce qu'elle peut gagner ou emprunter, il y a tout de même un juste milieu. Si vous désirez jouir d'une vie qui inclut une promesse raisonnable de liberté et de satisfaction, vous devez alors trouver ce juste milieu et l'adopter en tant que programme de *maîtrise de soi*.

L'autodiscipline est le facteur le plus essentiel dans le développement du pouvoir personnel. Elle vous permet de contrôler votre envie et votre tendance à dépenser plus que vous gagnez ainsi que votre habitude de réagir fortement contre ceux qui vous offensent. Elle vous permet également de contrôler toute autre habitude néfaste qui vous fait dépenser votre énergie dans un effort non productif dont les formes sont trop nombreuses pour être détaillées dans cette leçon.

Très tôt dans ma carrière, j'ai été indigné quand j'ai su combien de gens accordaient la plus grosse part de leur énergie à détruire ce que bâtissaient les performants. Grâce à un étrange coup du sort, un de ces destructeurs croisa mon chemin, se plaisant à ternir ma réputation.

Au début, je fus tenté de réagir fortement, mais tard un soir, me vint une pensée qui changea toute mon attitude envers cet homme. Je pris une page blanche sur laquelle j'écrivis ces mots :

Je détiens un avantage exceptionnel
sur la personne qui me cause des ennuis :
J'ai la possibilité de lui pardonner,
tandis qu'elle ne possède pas un tel avantage sur moi.

Lorsque j'eus complété, j'en vins à la conclusion que j'étais arrivé au point où il me fallait choisir une stratégie qui me servirait de guide quant à mon attitude envers ceux qui critiquaient mon travail ou essayaient de détruire ma réputation. J'arrivai à cette décision en raisonnant de la façon suivante :

Je détenais deux possibilités de réaction. Je pouvais gaspiller une grande partie de mon temps et de mon énergie à réagir ou je pouvais utiliser ce précieux temps pour faire avancer l'œuvre de ma vie et laisser le résultat de ce travail servir de réponse à tous ceux qui critiquaient mes efforts ou questionnaient mes intentions. Je choisis cette deuxième méthode comme étant le meilleur moyen.

« Par leurs actions, vous les reconnaîtrez! »

Si vos actions sont constructives et si vous êtes en paix avec vous-même dans votre cœur, vous ne trouverez pas nécessaire alors de vous arrêter pour expliquer vos intentions, car elles s'expliqueront d'elles-mêmes.

Le monde oublie vite ses destructeurs. Il érige ses monuments et octroie ses honneurs à personne d'autre que ses bâtisseurs. Gardez ce fait à l'esprit et il vous sera plus facile ainsi de vous réconcilier avec la stratégie qui est celle de refuser de gaspiller vos énergies en réagissant envers ceux qui tentent de vous humilier.

Toute personne qui accomplit quelque chose en ce monde, tôt ou tard, en arrive à être forcée de régler cette question d'attitude envers ses ennemis. Si vous voulez la preuve qu'il est avantageux d'exercer une *maîtrise de soi* suffisante pour vous empêcher de gaspiller votre énergie vitale en réagissant, étudiez donc l'histoire de tous ceux qui ont atteint des positions élevées dans la vie et observez avec quel soin ils ont restreint cette habitude destructrice.

C'est un fait bien connu que personne n'a jamais atteint une situation élevée dans la vie sans opposition de nature violente venant d'ennemis jaloux et envieux. Le défunt Président Warren G. Harding, l'ex-Président Woodrow Wilson, John H. Patterson de la National Cash Register Company et une multitude d'autres personnes que je pourrais mentionner ont été victimes de cette cruelle tendance d'un certain type de personnes dépravées prêtes à détruire les réputations. Mais ces personnes n'ont perdu aucun temps à s'expliquer ou à réagir envers leurs ennemis. Ils pratiquaient la *maîtrise de soi.*

Il se peut même que ces attaques, cruelles, injustes et mensongères, comme elles le sont souvent, servent un bon objectif. Dans mon propre cas, je sais que j'ai fait une découverte qui m'est devenue d'une grande valeur à la suite d'amères attaques qu'un journaliste avait lancées contre moi. Je n'y accordai aucune attention durant quatre ou cinq ans, jusqu'à ce qu'elles deviennent si audacieuses que je décidai d'oublier ma stratégie et de frapper mes antagonistes. Je m'assis à mon bureau et décidai d'écrire. Dans toute mon expérience en tant qu'écrivain, je ne crois pas n'avoir jamais rassemblé une aussi nombreuse quantité de qualificatifs cinglants que ceux que j'ai utilisés à cette occasion. Plus j'écrivais, plus ma colère montait, jusqu'au point où j'ai finalement épuisé tout ce à quoi je pouvais penser sur le sujet. En écrivant la dernière ligne, une étrange sensation m'envahit - ce n'était pas un sentiment d'amertume envers l'homme qui avait essayé de me faire du tort - c'était un sentiment de compassion, sympathie et pardon.

Je m'étais inconsciemment autopsychanalysé en libérant sur des pages blanches mes émotions réprimées de haine et de ressentiment, que j'avais involontairement conservés dans mon subconscient sur une longue période de temps.

Maintenant, lorsque je sens monter la colère en moi, je m'assois et écris tout mon ressentiment pour le faire sortir de mon *système*, après quoi, je jette mon manuscrit à la poubelle. Il est possible aussi que je le classe dans mes documents afin d'y référer au cours des prochaines années – après que le processus d'évolution du temps m'aura procuré une plus grande compréhension.

COMMENTAIRE

Ailleurs, monsieur Hill écrit à propos d'une expérience négative qui le motiva : « Un jour, je fus embauché par la Chambre de commerce d'une petite ville pour livrer une série de conférences. Un citoyen se mit à faire circuler que j'étais un charlatan qui passait là pour escroquer les gens de leur argent durement gagné. Cela n'a aucunement embêté les gens qui avaient retenu mes services, mais cette situation m'a franchement mis en colère.

« J'utilisai toute mon allocation pour acheter du temps d'antenne à la station de radio locale. Il en résulta que je donnai ma conférence à un nombre de gens beaucoup plus important que ce qui était prévu.

« Je dois admettre que je causai toute une sensation, qui m'a valu une publicité favorable tout autant que pour la Chambre de com-

merce. Je n'ai pas fait d'argent, mais je me suis épargné le tracas d'un conflit stérile. J'ai répondu aux accusations des incrédules de cette ville d'une façon qui les a effacées, et cela, sans sacrifier ma dignité ou ma crédibilité. J'aime croire, en fait, que dans cette ville, mes paroles ont porté un poids supplémentaire et ont fait beaucoup plus de bien qu'elles ne l'auraient fait autrement. »

Les émotions réprimées, en particulier la haine, ressemblent à une bombe faite d'explosifs puissants et, à moins qu'elles soient utilisées tout comme un expert le ferait en la manipulant, elles sont tout aussi dangereuses. Une bombe peut être rendue inoffensive si elle explose dans un champ désert, ou si elle est désintégrée dans un contenant hermétique. Un sentiment de colère ou de haine peut être rendu inoffensif si on lui permet de s'exprimer d'une manière qui s'harmonise avec le principe de la psychanalyse.

LA PENSÉE

Avant que vous puissiez atteindre le succès dans son sens le plus élevé et le plus vaste, vous devez acquérir un contrôle très minutieux sur vous-même pour devenir une personne qui possède de l'*aplomb*.

Vous êtes le produit de plus d'un million d'années de changements évolutifs. Durant de nombreuses générations avant vous, la nature a trempé et raffiné les matériaux qui ont servi à vous former. Pas à pas, elle a retiré des générations précédentes les instincts animaux et les passions dépravées jusqu'à ce qu'elle ait produit en vous le plus beau spécimen animal existant. Elle vous a doté, par ce lent processus évolutif, de la raison, d'aplomb et de l'équilibre en quantité suffisante pour vous permettre d'être capable de vous contrôler et de faire de vous-même tout ce que vous désirez.

Aucun autre animal n'a été doté d'une *maîtrise de* soi telle que vous la possédez. Il vous a été attribué la puissance d'utiliser la plus haute forme d'énergie connue de l'homme, c'est-à-dire la *pensée.* Il n'est pas improbable que la pensée soit le lien le plus étroit qui existe entre les choses matérielles et physiques de ce monde et le monde de la divinité.

Non seulement vous avez le pouvoir de *penser*, mais, chose mille fois plus importante encore, vous avez le pouvoir de *contrôler* vos pensées et de les *diriger* vers l'accomplissement de vos choix de vie!

Malgré le fait qu'à plusieurs reprises d'autres personnes tenteront de vous éloigner de vos ambitions, rappelez-vous que le découragement vient le plus souvent de l'intérieur de soi.

Nous arrivons maintenant à la partie vraiment importante de cette leçon. Lisez-la lentement en méditant!

J'entame cette partie de la leçon presque avec crainte et en tremblant, car elle nous place face à face avec un sujet dont peu de personnes sont qualifiées pour en discuter avec une intelligence raisonnable.

Je le répète :
vous avez le pouvoir de contrôler vos pensées
et les diriger selon votre volonté!

Votre cerveau peut être comparé à une dynamo, car il génère ou met en mouvement cette énergie mystérieuse appelée la *pensée*. L'incitation qui met votre cerveau en action consiste de deux sortes : l'*autosuggestion* et la *suggestion*. Vous pouvez choisir la matière qui produira votre pensée, *c'est l'autosuggestion*. Vous pouvez permettre à d'autres de choisir de quelle matière sera faite votre pensée, *c'est la suggestion*. C'est un fait humiliant que la plupart des pensées sont générées par des suggestions extérieures provenant d'autres personnes, et il est encore plus humiliant d'avoir à admettre que la plupart d'entre nous adhèrent à cette suggestion, sans même la considérer ou mettre en doute son bon sens. Nous lisons les journaux comme si chaque mot était basé sur des faits réels. Nous sommes influencés par le commérage et les qu'en-dira-t-on provenant des autres, comme si chaque mot était véridique.

La pensée est la seule chose sur laquelle vous avez un contrôle absolu; pourtant, vous permettez à d'autres personnes d'entrer dans l'espace sacré de votre esprit et d'y déposer, par la suggestion, leurs ennuis et leurs malheurs, leurs adversités et leurs mensonges, comme si vous n'aviez pas le pouvoir de fermer la porte et de les garder à l'extérieur.

Vous possédez le pouvoir de choisir la matière qui constituera les pensées dominantes de votre esprit, et aussi sûrement que vous lisez ces lignes, ces pensées qui dominent votre esprit vous amèneront le succès ou l'échec, selon leur nature.

Le fait que la pensée soit la seule chose sur laquelle vous possédez un contrôle absolu est la signification la plus profonde, car elle suggère fortement que la pensée est l'approche le plus près de la divinité qui existe.

La divine providence n'a sûrement pas fait de la pensée le seul pouvoir sur lequel vous ayez un contrôle absolu sans lui associer des possibilités qui, lorsqu'elles sont comprises et développées, renverseraient l'imagination. La pensée est votre outil le plus important; celui avec lequel vous pouvez créer votre destinée terrestre, selon vos désirs.

La *maîtrise de soi*
est uniquement une question de *contrôle de la pensée*!

Lisez à voix haute la phrase précédente. Lisez-la avec attention en méditant, avant d'aller plus loin, car c'est sans doute la phrase la plus importante de tout ce chapitre.

Vous étudiez ce cours, je présume, parce que vous recherchez sérieusement une vérité et une compréhension suffisantes pour vous permettre d'atteindre une position élevée dans la vie.

Vous cherchez la clé magique qui ouvrira la porte de cette source de puissance. Pourtant, vous détenez déjà cette clé dans vos mains et vous pouvez l'utiliser dès que vous avez appris à *contrôler vos pensées.*

Par le principe de l'autosuggestion, placez dans votre esprit les pensées positives et constructives qui s'harmonisent avec votre *but clairement défini* dans la vie. Ce même esprit transformera vos pensées en réalités physiques. Il vous les rendra comme un résultat accompli.

C'est ce qu'est le contrôle de la pensée!

Quand vous choisissez délibérément les pensées qui dominent votre esprit et refusez fermement l'entrée de suggestions extérieures, vous exercez alors la *maîtrise de soi* sous sa forme la plus élevée et la plus efficace. L'être humain est le seul animal vivant qui puisse y parvenir.

Combien de millions d'années a-t-il fallu à la nature pour produire cet « animal »? Nul ne le sait, mais tout étudiant intelligent en psychologie sait que ce sont les pensées dominantes qui déterminent les actions et le tempérament de l'animal.

Le point que je désire clairement établir dans cette leçon est celui-ci : la *pensée,* exacte ou non, est la puissance la plus hautement organisée de votre esprit fonctionnel et vous *êtes la somme de vos pensées dominantes ou proéminentes.*

Si vous voulez devenir un maître-vendeur, que ce soit de biens ou de services, vous devez exercer suffisamment de maîtrise de soi pour fermer la porte à tout argument et suggestion nuisibles. La plupart des vendeurs ont si peu de maîtrise de soi qu'ils entendent le client potentiel dire « non » avant même qu'il l'ait exprimé. Ils ont si peu de maîtrise de soi qu'ils vont jusqu'à se *suggérer* à eux-mêmes que leur client potentiel dira non lorsqu'ils voudront conclure la vente.

Comme il est différent l'individu qui a sur lui-même une parfaite maîtrise! Non seulement se suggère-t-il que son client dira « oui », mais si le oui désiré se fait attendre, il continue à faire sa vente jusqu'à ce qu'il ait vaincu l'opposition. Si le client potentiel dit non, une personne qui possède la maîtrise d'elle-même ne l'entend pas. Si le client potentiel lui dit « non » une deuxième, une troisième, une quatrième fois, elle ne l'entend pas, car elle pratique la *maîtrise* de soi et ne permet à aucune suggestion d'atteindre son esprit, sauf celle qu'elle invite.

Le maître-vendeur, qu'il gagne sa vie dans la vente de produits, de services, ou de conférences, sait comment contrôler ses *pensées.* Au lieu d'être une personne qui accepte, avec une humble soumission, les suggestions des autres, le maître-vendeur est quelqu'un qui convainc les autres d'accepter *ses* suggestions. Le maître-vendeur développe une personnalité dominante. *C'est cela aussi, la maîtrise de soi!*

Si un argument s'élevait,
le maître-vendeur est celui qui prend l'offensive,
jamais la défensive!

Lisez à nouveau la phrase précédente.

Si vous êtes un maître-vendeur, vous savez qu'il vous est nécessaire de garder votre client potentiel sur la défensive. Vous savez aussi qu'il vous sera fatal à la conclusion de votre vente, si vous lui permettez de vous placer en position défensive et de vous y laisser. Il se peut qu'il vous arrive parfois, d'être placé dans une position telle qu'il vous faudra occuper le côté défensif de la conversation pour un certain temps. Mais il vous appartient de mettre en pratique votre maîtrise de soi et, sans qu'il le remarque, vous changerez de place avec votre client potentiel.

Cette manière d'agir requiert l'habileté la plus complète de la maîtrise de soi!

La plupart des vendeurs balaient du revers de la main ce point vital, se mettent en colère et essaient d'effrayer le client potentiel jusqu'à ce qu'il capitule, mais le maître dans l'art de la vente demeure calme et serein, et s'en sort généralement gagnant.

Lorsque j'utilise le mot « vendeur », je veux dire toutes les personnes qui essaient de persuader ou de convaincre les autres en utilisant des arguments logiques et convaincants ou dont l'intérêt personnel prédomine. Nous sommes tous des vendeurs, ou du moins nous devrions l'être, peu importe la forme de services que nous rendons ou le genre de marchandises que nous offrons.

La capacité de négocier avec des gens sans aucun conflit ou argument est la qualité hors du commun de toutes les personnes qui réussissent. Observez les gens autour de vous et remarquez le peu de personnes parmi elles qui comprennent l'art de négocier avec tact. Observez aussi le niveau de réussite qu'obtiennent ceux qui le comprennent, malgré le fait qu'ils peuvent avoir moins d'éducation que ceux avec qui ils négocient.

C'est une technique qui peut être développée.

AUTANT LES PLEURS QUE LA SUEUR SONT SALÉS, MAIS ILS RENDRONT DES RÉSULTATS DIFFÉRENTS. LES LARMES VOUS ATTIRERONT LA SYMPATHIE; LA SUEUR VOUS CHANGERA.

-Jesse Jackson

COMMENTAIRE

Un représentant en publicité pour un magazine reçut un jour un appel téléphonique de l'un de ses clients en colère. La petite annonce qu'il avait fait paraître dans le magazine contenait une erreur et le client était furieux. Durant dix minutes, il cria et hurla.

Le représentant était un maître en la matière. Il écouta bien attentivement toutes les doléances du client, puis lui répondit en ces termes : « Vous avez l'impression que nous avons nui à votre commerce », démontrant ce faisant qu'il avait bien saisi la frustration du client, ce qui lui permit immédiatement de passer à l'offensive.

Il continua ainsi : « Je comprends que vous aviez des attentes élevées de cette parution et que vous pensez avoir gaspillé votre ar-

gent. J'aimerais bien pouvoir corriger cette erreur. Avec votre permission, nous allons corriger votre annonce et la repasser dans la prochaine parution, mais dans un format deux fois plus grand, et cela, sans frais. »

Les paroles du représentant ont renforcé la valeur du service du magazine tout en présentant au client une proposition difficile à refuser.

Toutefois, de manière significative, le représentant avait réussi à convaincre le client de passer une annonce beaucoup plus grande. La première fois qu'elle passa, le client n'eut rien à payer. Mais le représentant savait très bien que lorsque le client aurait fait l'expérience des affaires qu'elle générerait, il ne retournerait jamais à une annonce de plus petite dimension.

En pratiquant la maîtrise de soi dans ses transactions avec un client furieux, le représentant en publicité transforma un désastre potentiel en une occasion positive.

L'art de la négociation réussie naît d'une maîtrise de soi patiente et minutieuse. Remarquez avec quelle aisance le vendeur à succès exerce la maîtrise de soi lorsqu'il traite avec un client impatient. Ce vendeur bouille peut-être à l'intérieur de lui-même, mais vous n'en verrez aucune évidence dans ses agissements ou ses paroles.

Cette personne a acquis l'art de négocier avec tact!

Un froncement de sourcils en signe de désapprobation ou un mot dénotant l'impatience peut souvent faire avorter une vente. Le vendeur qui réussit pratique la maîtrise de soi et sa récompense provient du fait qu'il peut définir ses revenus et choisir la compagnie à qui offrir ses services.

Surveiller ceux qui ont acquis l'art d'une négociation réussie est, une éducation en soit. Observez un conférencier qui a acquis cet art; son allure déterminée lorsqu'il monte au podium; observez la fermeté de sa voix lorsqu'il commence à parler; étudiez son expression faciale lorsqu'il parcourt son auditoire du regard avec la maîtrise de ses arguments. *Il a appris à négocier sans que survienne quelque conflit que ce soit.*

Étudiez le médecin qui a acquis cet art, lorsqu'il entre dans la chambre d'un patient avec le sourire. Son allure, le ton de sa voix, son air assuré, tout cela l'identifie clairement comme un professionnel qui a acquis l'art de réussir une négociation. Le patient vous confirmera qu'il se sent mieux dès l'instant où un tel médecin entre dans la chambre.

Surveillez le directeur ou le superviseur qui a acquis cet art et observez de quelle façon sa présence stimule le personnel à fournir un plus grand effort et lui inspire confiance et enthousiasme.

Observez l'avocat qui a acquis cet art et remarquez de quelle façon il s'attire le respect et l'attention de la cour. Il y a quelque chose dans le ton de sa voix, sa posture, la façon qu'il s'exprime, tout cela intimide ses adversaires.

Tout cela est attribuable à la maîtrise de soi. Et la maîtrise de soi est le résultat du *contrôle de la pensée!*

Placez de manière délibérée dans votre esprit le genre de pensées que vous voulez entretenir et gardez hors de votre esprit les pensées que d'autres essaient d'y placer par la suggestion et vous deviendrez ainsi une personne en pleine maîtrise de soi.

Ce privilège qui vous revient de stimuler votre esprit par des suggestions et des pensées de votre choix est une prérogative, et si vous désirez vous prévaloir de ce droit, il n'y a rien dans les limites de la raison, que vous ne pouvez obtenir.

Perdre votre sang-froid et en même temps votre cause, votre argument ou votre équilibre mental, indique que vous êtes une personne non encore familiarisée avec les principes essentiels sur lesquels est basée la maîtrise de soi. Le fondement le plus important est le privilège de choisir les pensées qui dominent votre esprit.

Un étudiant d'une de mes classes m'a demandé un jour de quelle façon on pouvait contrôler ses pensées quand on était dans une colère intense. Je répondis : « Exactement de la même façon que vous changeriez vos manières et le ton de votre voix si vous étiez dans une chaude argumentation avec un membre de votre famille et que vous entendiez la sonnette de la porte vous signalant un visiteur. Vous vous contrôleriez parce que vous en prendriez la décision. »

Si vous avez déjà été placé dans une telle situation où vous avez jugé nécessaire de camoufler vos vrais sentiments et de changer rapidement d'attitude physique et mentale, vous savez qu'il est facile de le faire. Vous savez aussi que ça peut être fait parce que *vous avez pris la décision de le faire!*

Derrière tout accomplissement, derrière toute maîtrise de soi, derrière tout contrôle de la pensée se trouve quelque chose de magique qu'on appelle *désir*!

Ce n'est donc pas mentir que dire que vous êtes limité seulement par la profondeur de vos désirs. Quand vos désirs sont suffisamment forts, vous semblez posséder des pouvoirs surhumains de réalisation. Personne n'a jamais su expliquer cet étrange phénomène de l'esprit et peut-être que personne ne l'expliquera-t-il jamais, mais si vous doutez de son existence, il vous faudra alors l'expérimenter par vous-même afin de vous en convaincre.

Si vous étiez dans un édifice en flammes, portes et fenêtres fermées, il y a de bonnes chances que vous développeriez une force suffisante pour défoncer une porte, à cause de votre *désir* intense d'en sortir vivant.

Si vous désirez acquérir l'art de la négociation réussie, comme vous le désirerez probablement une fois que vous aurez compris sa signification en rapport avec vos réalisations ou votre *but clairement défini,* vous y arriverez, pourvu que votre désir soit suffisamment fort.

Napoléon Bonaparte *désirait* devenir empereur de France; et il le devint. Abraham Lincoln *désirait* libérer les esclaves, et il accomplit son objectif. Thomas Edison *désirait* produire de la lumière avec l'électricité et il y parvint, même s'il lui fallut plusieurs années pour réussir. Theodore Roosevelt *désirait* réunir les océans Atlantique et Pacifique par le canal de Panama, et il l'a fait. Démosthène *désirait* devenir un grand conférencier et, malgré son handicap sérieux d'élocution, il transforma son *désir* en réalité. Helen Keller *désirait* parler en dépit du fait qu'elle était sourde, muette et aveugle, et elle parla. John H. Patterson *désirait* dominer dans le domaine de la fabrication de caisses enregistreuses, et il domina le marché. Marshall Field *désirait* être le principal marchand de son temps, et c'est ce qu'il devint. William Shakespeare *désirait* devenir un grand dramaturge et, malgré le fait qu'il n'était qu'un pauvre acteur itinérant, il rendit son rêve possible. Billy Sunday *désirait* abandonner sa carrière au baseball pour devenir un maître-prédicateur, et c'est ce qu'il accomplit. James J. Hill *désirait* devenir un bâtisseur d'empires, malgré le fait qu'il n'était qu'un simple opérateur de télégraphie, et il transforma son désir en réalité.

COMMENTAIRE

> *Charles Lindbergh vola au-dessus de l'Atlantique, Gandhi mena l'Inde à l'indépendance, Martin Luther King galvanisa le mouvement des droits civils, Mary Kay Ash bâtit un empire pour les femmes, Sam Walton devint l'homme le plus riche des États-Unis, Jackie Joyner-Kersee gagna une série de médailles olympiques. Il ne fait aucun doute que quiconque lit ces faits pourrait ajouter bien d'autres noms d'hommes et de femmes qui ont accompli de grandes choses. Chacun d'eux poursuivait un* but clairement défini *avec suffisamment d'ardeur pour en faire une réalité.*

Il est vrai que c'est un trait particulier de la nature humaine que la plupart des gens qui réussissent travailleront plus fort dans le seul but de rendre un service utile qu'ils ne le feraient seulement pour de l'argent.

Ne dites pas que c'est impossible ou que vous êtes différent de ces milliers de personnes qui ont réalisé un succès remarquable dans toutes sortes de projets valables. "Si vous êtes différent", c'est seulement pour cette raison : *ils désiraient l'objet de leurs réalisations avec plus de profondeur et d'intensité que vous désirez réaliser les vôtres.*

Implantez dans votre esprit la semence d'un *désir* constructif en acceptant ce qui suit comme étant votre credo personnel et la fondation de votre code d'éthique personnel :

> « Je désire servir mes semblables durant le voyage de ma vie. À cette fin, j'adopte le credo suivant en tant que guide à suivre dans toutes mes relations avec mes pairs :
>
> « M'entraîner mentalement afin qu'en aucune circonstance, je me retrouve à critiquer qui que ce soit, peu importe à quel point je suis en désaccord avec cette personne ou à quel point son travail peut sembler médiocre, et cela, aussi longtemps que je sache qu'elle essaie sincèrement de faire de son mieux.
>
> « Respecter mon pays, ma profession et moi-même. Être honnête et juste avec les autres, tout comme je m'attends à ce qu'ils le soient envers moi. Être un citoyen fier de mon patrimoine et de mon pays. En parler en termes élogieux et toujours agir comme un gardien responsable de sa réputation. Être une personne qui transporte sa dignité avec elle, où qu'elle aille.
>
> « Établir mes attentes de récompenses sur une solide base de service rendu. Être prêt à payer le prix de la réussite en fournissant un effort honnête. Considérer mon travail comme une occasion à saisir avec joie et en retirer le meilleur, et non comme une corvée pénible que je dois endurer contre mon gré.
>
> « Me souvenir que le succès ne dépend que de moi, de mon propre cerveau. M'attendre à des difficultés et me tracer un chemin à travers ces circonstances qui me permettront de grandir.

« Éviter la procrastination sous toutes ses formes et ne jamais utiliser quelque excuse que ce soit et remettre à demain une action qui devrait être accomplie sans délai.

« Finalement, m'approprier et profiter de toutes les joies de la vie, afin de pouvoir être courtois envers les autres, fidèle à mes amis, loyal envers mon Créateur – dégager la bonté sur mon chemin. »

L'énergie que la plupart des gens gaspillent par manque de *maîtrise de soi* pourrait procurer toutes les nécessités et tous les luxes désirés, si elle était organisée et utilisée de façon constructive.

Le temps que plusieurs personnes consacrent aux potins à propos des autres pourrait, si contrôlé et dirigé de façon constructive, être suffisant pour atteindre l'objet de leur *but clairement défini* (s'ils en ont un).

Tous les gens qui réussissent démontrent une totale maîtrise de soi tandis qu'il peut être attribué un indice zéro à tous ceux qui échouent en relation avec cette importante loi du comportement humain.

Étudiez les gens qui vous entourent et notez que tous ceux qui jouissent du succès pratiquent la *maîtrise de soi,* tandis que ceux qui vont d'un échec à un autre permettent à leurs pensées, leurs paroles et leurs actions de se déchaîner!

Une forme très commune et très destructrice de manque de *maîtrise de soi* est l'habitude de trop parler. Les personnes sages, celles qui savent ce qu'elles veulent et qui sont déterminées à l'obtenir, font très attention à tout ce qu'elles disent. Une personne bavarde ne peut rien gagner à entretenir les autres de discours inconscients, mal venus et qui ne mènent nulle part.

Il est presque toujours plus profitable d'écouter que de parler. Un bon auditeur peut, occasionnellement, entendre quelque chose qui ajoutera à son bagage de connaissances. Il faut de la maîtrise de soi pour devenir un bon auditeur, mais les avantages en valent les efforts.

Couper la parole à une autre personne est une forme fréquente de manque de maîtrise de soi qui, non seulement, manque de courtoisie, mais prive aussi celle qui le fait de plusieurs occasions valables d'apprendre des autres.

La maîtrise de soi est une des particularités évidentes de tous les grands leaders que j'ai analysés en rassemblant la matière pour rédiger ce cours. Luther Burbank a déjà dit que selon lui, la maîtrise de soi était la plus importante des dix-sept lois. Durant toutes ses années d'étude patiente et de constatation du processus d'évolution de la vie végétale, il trouva nécessaire de pratiquer la faculté de la maîtrise de soi, malgré le fait qu'il s'occupait de sujets inanimés.

John Burroughs, le naturaliste, disait pratiquement la même chose lorsqu'il souligna que la maîtrise de soi se trouvait en tête de liste, en ce qui concerne l'importance des dix-sept lois du succès.

La personne qui exerce une *maîtrise de soi* complète ne peut être vaincue en permanence, comme l'a si bien démontré Emerson dans son essai sur la compensation, car les obstacles et l'opposition ont une façon toute particulière de se dissiper lorsqu'ils sont confrontés à un esprit déterminé guidé vers un but clairement défini avec une maîtrise de soi totale.

Toutes les personnes fortunées que j'ai analysées (parmi celles qui ont développé une grande fortune par leurs propres efforts) ont démontré avec une évidence positive que la maîtrise de soi était un de leurs points forts, si bien que j'en suis arrivé à la conclusion que nul ne peut espérer accumuler une grande fortune et la garder sans posséder cette qualité nécessaire.

Épargner de l'argent requiert la pratique de la maîtrise de soi à un niveau très élevé qui, comme je l'espère, a été bien compris dans la quatrième leçon de ce cours.

LA PAUVRETÉ

Je suis redevable à Edward W. Bok pour la description suivante, plutôt colorée, de la raison pour laquelle il a jugé nécessaire de pratiquer la maîtrise de soi, avant de connaître le succès et d'être couronné de gloire comme l'un des grands journalistes d'Amérique :

POURQUOI JE CROIS EN LA PAUVRETÉ COMME ÉTANT L'EXPÉRIENCE LA PLUS RICHE QUE PUISSE VIVRE UN GARÇON

« Je gagne ma vie à essayer d'éditer le *Ladies' Home Journal*. Comme le public a été très généreux dans son approbation de ce périodique, une partie de ce succès m'est logiquement revenue. Il s'avère donc, qu'un certain nombre de mes très bons lecteurs ont une opinion de moi que j'ai souvent été tenté de corriger, une tentation à laquelle je cède aujourd'hui. Mes correspondants expriment leur conviction de diverses façons, mais cet extrait d'une lettre en est un échantillon honnête :

« Il est bien facile pour vous de prêcher l'économie quand vous n'en connaissez pas la nécessité. Il me semble déplacé de nous dire comment économiser, alors que dans mon cas, nous devons vivre avec les revenus annuels de huit cents dollars de mon mari, quand vous n'avez jamais su ce qu'est de vivre avec moins que des milliers de dollars. Vous est-il déjà venu à l'esprit, vous qui êtes né avec la proverbiale cuillère d'argent dans la bouche, qu'une rédaction théorique peut être qualifiée de froide et futile, si on la compare au fait de vivre au jour le jour, une situation que trop de familles parmi nous vivons année après année, une expérience dont vous ne connaissez rien? »

Maintenant, ma réalité s'accorde-t-elle avec la remarque de cette dame?

Que je sois né ou pas avec la proverbiale cuillère d'argent dans la bouche, je n'en sais rien. Il est vrai que je suis né de parents fortunés. Mais alors que j'étais âgé de six ans, mon père a perdu tous ses avoirs et à l'âge de quarante-cinq ans, a dû faire face à cet échec dans un pays étranger, sans l'apport des choses élémentaires de la vie de tous les jours. Il y a des couples qui savent ce que cela veut dire pour un homme d'essayer de se remettre en selle à quarante-cinq ans, dans un pays étranger! J'avais le handicap de ne pas parler un seul mot anglais. J'allai à l'école publique et j'appris ce que je pus. Les garçons étaient cruels, comme le sont d'ailleurs les garçons. Les professeurs étaient impatients, comme le sont les professeurs fatigués.

Mon père ne put trouver de travail. Ma mère, qui avait toujours eu des serviteurs, dut faire face à des problèmes ménagers qu'elle n'avait jamais connus et qu'on ne lui avait jamais enseignés. Et, il n'y avait pas d'argent.

Alors, après les heures d'école, mon frère et moi rentrions à la maison, mais pas pour jouer. Après l'école, il nous fallait aider notre mère qui devenait de plus en plus fragile sous les charges qu'elle n'arrivait pas à accomplir. Pas durant des jours, mais durant des années, nous, deux jeunes garçons furent forcés de se lever dans l'aube froide et grise de l'hiver, alors que les lits sont si chauds et invitants à des adolescents en pleine croissance, pour tamiser les cendres de charbon du feu de la veille, pour y trouver une poignée ou deux de charbon non brûlé, et avec ce que nous avions ou pouvions trouver, nous faisions le feu et réchauffions la pièce. Puis, il nous fallait mettre la table pour manger le trop maigre petit-déjeuner, aller à l'école et, immédiatement après, laver la vaisselle, balayer et frotter le plancher. Comme nous vivions dans une maison de trois logements, toutes les trois semaines, il nous fallait récurer les trois étages d'escaliers, du troisième au rez-de-chaussée, ainsi que le pas de la porte et le trottoir à l'extérieur. Ce dernier travail était le plus dur, car nous le faisions les samedis, les enfants du voisinage nous regardant sans grande sympathie; nous le faisions donc en entendant l'écho d'une balle et d'un bâton avec lesquels jouaient les enfants sur le terrain voisin!

Après le souper, lorsque les autres enfants pouvaient s'asseoir près d'une lampe pour étudier leurs leçons, nous sortions, mon frère et moi, avec un panier pour ramasser du bois et du charbon sur les terrains voisins où nous allions à la recherche de morceaux de charbon tombés des livraisons du jour même chez des voisins. Nous cherchions dans l'espoir que le livreur de charbon n'ait pas été trop vaillant pour ramasser ce qui avait pu tomber!

Une expérience que vous ne connaissez sûrement pas!

À dix ans, j'ai occupé mon premier emploi, lavant les vitres d'une boulangerie pour cinquante sous par semaine. Une semaine ou deux plus tard, après l'école, on m'autorisa à vendre des pains et des gâteaux derrière le comptoir, pour un dollar par semaine - je distribuais des gâteaux fraîchement sortis du four et du pain qui sentait tellement bon, alors que ce jour-là, je n'avais rien mangé!

En plus, le samedi matin, je distribuais aux maisons un journal hebdomadaire et je vendais ce qui restait de mon inventaire sur un coin de rue. Cela représentait de soixante à soixante-dix sous pour cette journée de travail.

Je vivais à Brooklyn, New York, et le principal moyen de transport vers Coney Island à cette époque était la voiture tirée par des chevaux.

À courte distance d'où nous vivions, les voitures s'arrêtaient pour abreuver les chevaux; les hommes descendaient et buvaient un peu d'eau, mais les dames n'avaient aucun moyen d'étancher leur soif. Constatant cette situation, je me procurai un seau, le remplis d'eau avec un morceau de glace et, avec un verre, montai dans chaque voiture le samedi après-midi et toute la journée du dimanche, pour vendre mes verres d'eau à un sou chacun. La concurrence arriva rapidement, lorsque les autres garçons constatèrent que le dimanche seulement me rapportait deux ou trois dollars. Je pressai un ou deux citrons dans mon seau, ma boisson devint une « limonade » et je pus vendre ma limonade à deux *sous* le verre, ce qui me rapportait cinq dollars pour une seule journée de travail. En plus, je suis devenu reporter le soir, commis de bureau le jour et, durant la nuit, j'ai appris la sténographie.

Ma correspondante dit qu'elle fait vivre sa famille, mari et enfants, avec huit cents dollars par année, et elle mentionne que je n'ai jamais connu une telle situation. J'ai supporté une famille de trois personnes avec six dollars vingt-cinq par semaine moins de la moitié de son revenu annuel! Quand mon frère et moi, ensemble, avons pu apporter à la maison huit cents dollars par année, nous nous sommes sentis riches!

Pour la première fois, je mets tous ces détails par écrit pour que vous sachiez, de ma part, que l'éditeur du *Ladies' Home Journal* n'est pas un théoricien quand il écrit ou imprime des articles qui visent à prêcher l'économie ou à réfléchir sur la lutte continuelle qu'occasionne un revenu faible ou inexistant. Il n'y a pas un seul pas, un seul centimètre du chemin de la pauvreté que je ne connaisse ou n'aie expérimenté. Et, ayant expérimenté chaque pensée, chaque sentiment et chaque difficulté qui se présente à ceux qui voyagent sur cette route, je dis aujourd'hui que je me réjouis pour chaque jeune garçon qui passe par la même expérience que celle que j'ai dû vivre.

Je n'oublie pas ni ne renie une seule des inquiétudes que signifie ce genre de lutte. Je ne remplacerais pas aujourd'hui mes années de grandes difficultés que j'ai connues ou les expériences vécues. Je sais ce que veut dire gagner, non pas un dollar, mais deux *sous*. Je reconnais maintenant la valeur de l'argent, car il m'aurait été impossible de l'apprendre ou de la connaître d'aucune autre façon. Je n'aurais pu être formé dans ma carrière de façon autre qui soit plus sûre que celle par laquelle j'ai dû passer. Je n'aurais pu arriver à une meilleure compréhension de ce que signifie faire face à une journée sans un seul sou en poche, sans miche de pain, sans morceau de bois pour attiser un feu, sans rien à manger et, en même temps, être un enfant de neuf ou dix ans affamé qui doit prendre soin de sa mère fragile et déprimée!

Une expérience que vous ne connaissez sûrement pas!

Et pourtant, je me réjouis de l'expérience et j'envie tout enfant qui est en train de passer à travers. Mais - et voici le cœur de ma profonde croyance que la pauvreté est une bénédiction non déguisée pour un enfant - je crois en la pauvreté comme condition à expérimenter, à traverser et à dépasser; non comme une condition dans laquelle il faut stagner. « Tout ça, c'est très bien », diront certains, « assez facile à dire, mais comment fait-on pour en sortir? »

Personne ne peut définitivement dire cela à quelqu'un d'autre. Personne ne me l'a dit. Deux personnes ne peuvent trouver exactement la même façon de s'en sortir. Chacune doit trouver elle-même la sienne. Tout dépend de l'enfant. J'étais déterminé à sortir de la pauvreté, parce que ma mère n'était pas née dans cette condition, ne pouvait l'endurer et elle ne lui appartenait pas. L'amour que j'avais pour ma mère me donna l'essentiel : un désir brûlant. Puis, je le gardai vivant par l'effort et la volonté de travailler, en faisant tout ce qui se présentait à moi, pourvu que cela pût nous permettre de nous en sortir. Ce n'est pas moi qui ai fait le choix; je prenais ce qui venait et le faisais de la meilleure façon possible; et quand je n'aimais pas ce que je faisais, je le faisais quand même bien, pendant que j'y travaillais, mais je m'assurais de ne pas le faire plus longtemps qu'il ne le fallait. J'utilisai chaque barreau de l'échelle comme moyen pour me rendre au suivant. Ça voulait dire des efforts, mais de ces efforts et de ce travail naissait l'expérience; la croissance, et le développement; la compréhension et la compassion; le plus grand héritage qui puisse être offert à un jeune enfant. Et rien d'autre au monde ne peut procurer cela à un enfant, de façon à le marquer au fer rouge, comme la pauvreté sait si bien le faire.

C'est pourquoi je crois si fortement en la pauvreté, la plus grande bénédiction sous forme d'expérience la plus profonde et complète qu'un enfant peut connaître. Mais je le répète : C'est toujours une situation de laquelle il faut se sortir, pas y rester. »

**Nos doutes nous assaillent et nous font échouer.
Et nous manquons le but que nous pourrions atteindre
par crainte de ne point l'atteindre.**

-William Shakespeare

LA LOI DU TALION

Avant que vous puissiez développer l'habitude d'une parfaite maîtrise de soi, vous devez comprendre le réel besoin de posséder cette qualité. En fait, vous devez comprendre les avantages que la maîtrise de soi procure à ceux qui ont appris à la pratiquer.

En développant la maîtrise de soi, vous développez en même temps d'autres qualités qui s'ajouteront à votre puissance personnelle. Parmi les autres lois qui sont disponibles pour la personne qui pratique la *maîtrise de soi,* il y a la loi du talion.

Savez-vous ce qu'est la loi du talion?

Dans le sens où nous l'utilisons ici, elle signifie de *réagir par le bien* et non seulement se venger ou chercher la vengeance, telle qu'il est communément suggéré lorsque le mot *talion* est utilisé.

Si je vous fais une injure, vous ripostez à la première occasion. Si je dis des choses injustes à votre sujet, vous allez réagir avec bonté, même peut-être dans une plus grande mesure. D'un autre côté, si je vous fais une faveur, vous me rendrez la pareille, et même davantage, si possible.

En utilisant adéquatement cette loi, *je peux vous amener à faire ce que je désire que vous fassiez*. Si je veux que vous me détestiez et que vous utilisiez votre influence à me faire du mal, je peux y arriver en vous infligeant le genre de traitement que je désire que vous m'infligiez en ripostant.

Si je veux votre respect, amitié et coopération, je peux les obtenir en vous témoignant respect, amitié et coopération.

Vous pouvez comparer ces déclarations avec votre propre expérience et vous verrez qu'elles s'harmonisent de façon merveilleuse.

Combien de fois avez-vous entendu cette remarque : « Quelle merveilleuse personnalité possède cet individu! » Combien de fois avez-vous rencontré des gens dont vous admiriez la personnalité?

Les gens qui vous attirent par leur personnalité agréable font tout simplement usage de la loi de l'attraction harmonieuse ou de la loi du talion, lesquelles peuvent toutes deux, une fois qu'elles sont analysées, s'énoncer comme suit : "Le bien attire le bien".

En étudiant, comprenant et faisant un usage intelligent de cette loi, vous serez un vendeur efficace, qui aura du succès. Quand vous aurez maîtrisé cette simple loi et appris à l'utiliser, vous aurez alors appris tout ce qu'il y a à connaître sur l'art de la vente.

Le premier pas, sans doute le plus important à prendre pour maîtriser cette loi, consiste à développer une totale maîtrise de soi. Vous devez apprendre à accepter toutes sortes d'injures et de mauvais traitements, et cela, sans rendre la pareille pour autant. Cette maîtrise de soi est une partie du prix qu'il vous faut payer pour maîtriser la loi du talion.

Lorsqu'une personne en colère commence à vous rabaisser et abuser de vous, avec ou sans raison, rappelez-vous simplement qu'en ripostant de la même façon, vous vous abaissez à son niveau mental et cette personne *vous domine!*

D'un autre côté, si vous refusez de vous mettre en colère, si vous gardez votre sang-froid et demeurez calme et serein, vous prenez l'autre personne par surprise. Ainsi, vous ripostez avec une arme dont l'usage ne lui est pas familier et, par conséquent, vous dominez la situation aisément.

Le bien attire le bien! C'est indéniable!

Littéralement parlant, toute personne avec qui vous entrez en contact est un miroir mental dans lequel vous pouvez voir une image parfaite de votre propre attitude mentale.

Comme exemple de l'application directe de la loi du talion, permettez-moi de vous raconter une expérience que j'ai vécue avec mes deux petits garçons, Napoleon jr et James.

Nous étions en route vers le parc pour nourrir les oiseaux et les écureuils. Napoleon jr avait apporté un sac d'arachides et James avait choisi une boîte de popcorn sucré. James décida soudainement qu'il voulait goûter aux arachides. Sans demander la permission, il tenta de s'emparer du sac. Il manqua son coup et Napoleon jr riposta en frappant durement la mâchoire de James avec son poing gauche.

Je dis à James : « Écoute, mon garçon, tu ne t'y es pas pris de la bonne façon pour avoir ces arachides. Je vais te montrer comment faire. » Mais tout était arrivé tellement vite que je n'avais pas la moindre idée en parlant de ce que j'allais suggérer à James.

Puis, je pensai aux expériences que nous avions faites en relation avec la loi du talion et je dis à James : « Ouvre ta boîte de popcorn, offres-en quelques-uns à ton petit frère et vois ce qui se passera. » Après quelques tentatives de persuasion, il accepta. Alors, une chose remarquable arriva – une expérience de laquelle je retirai ma plus grande leçon dans l'art de la vente : *Avant de toucher au popcorn, Napoleon jr insista pour verser des arachides dans la poche du manteau de James*. Il riposta avec bonté! De cette simple expérience avec deux petits garçons, j'ai appris davantage sur l'art de transiger que j'aurais pu en apprendre de toute autre façon.

Aucun d'entre nous ne s'est rendu aussi loin que mes fils en ce qui a trait à l'opération et à l'influence de la loi du talion. Nous ne sommes tous que des grands enfants et sommes facilement influencés par ce principe. Lorsqu'on nous fait un cadeau, nous ne nous sentons jamais totalement satisfaits tant et aussi longtemps que nous n'avons pas rendu la pareille en offrant quelque chose d'aussi bien ou même mieux que ce que nous avons reçu. Si une personne parle en bien de nous, nous redoublons d'admiration pour cette personne et lui rendons la pareille!

Grâce à la loi du talion, nous pouvons convertir nos ennemis en amis loyaux. Si vous avez un ennemi avec lequel vous désirez devenir ami, vous pouvez prouver l'exactitude de cette affirmation si vous pouvez oublier ce dangereux boulet accroché à votre cou appelé orgueil ou entêtement. Faites-vous une habitude de parler à cet ennemi avec une cordialité inhabituelle. Faites tout en votre possible pour le favoriser de toutes les manières. Il semblera peut-être impassible au début, mais graduellement, il cédera à votre influence et vous le rendra en bonté!

Un matin d'août 1863, dans un hôtel, à Lawrence au Kansas un jeune pasteur fut abruptement sorti de son lit. L'homme qui désirait lui parler était un des guérilleros de Quantrills et il voulait qu'il descende dans le hall. Ce matin-là, partout le long de la frontière, des gens ont été assassinés. Une cavalerie était arrivée tôt le matin pour perpétrer un massacre.

Le guérillero qui avait demandé que le pasteur vienne le rencontrer était impatient. Une fois bien réveillé, le pasteur fut horrifié de ce qu'il vit par la fenêtre. Comme il descendait, le guérillero lui demanda sa montre et son argent, puis voulut savoir s'il était un abolitionniste. Le pasteur tremblait de tous ses membres. Mais il décida que s'il devait mourir à ce moment-là, ce ne serait pas avec un mensonge sur la conscience. Il répondit affirmativement et continua sa déclaration d'une remarque qui amena immédiatement la discussion dans une autre direction.

Ils s'installèrent sous le porche, pendant que les gens se faisaient tuer à travers toute la ville, et ils eurent une longue conversation. Elle dura jusqu'à ce que la cavalerie soit prête à partir. Avant que le guérillero retourne rejoindre sa bande, il était totalement sur la défensive. Il remit au pasteur les biens qu'il lui avait soutirés, s'excusa de l'avoir dérangé et lui demanda d'avoir une bonne pensée à son égard.

Ce pasteur vécut bien des années après ce massacre légendaire. Qu'avait-il dit au guérillero? Qu'y avait-il dans sa personnalité qui poussa ce dernier à vouloir s'asseoir et parler? De quoi ont-ils parlé?

« Êtes-vous un abolitionniste yankee? » avait demandé le brigand.

« Oui, je le suis », fut la réponse, « et vous savez très bien que vous devriez avoir honte de ce que vous faites. »

Ceci amena instantanément le sujet sur une question morale. La réponse arrêta net le guérillero. Le pasteur n'était qu'un freluquet devant ce criminel confirmé. Mais il mit sur le dos du bandit le poids de la preuve morale et, en un instant, ce dernier essayait de démontrer qu'il pouvait être une meilleure personne que le démontraient les circonstances.

Après avoir réveillé le pasteur pour le tuer en raison de ses convictions politiques, il passa vingt minutes à se justifier. Il raconta longuement l'histoire de sa vie personnelle. Il expliqua sa vie depuis le temps où, jeune garçon, il ne disait plus ses prières, et ensuite, il tomba dans la sentimentalité en se rappelant de quelle façon une chose en avait amené une autre, et de quelle façon tout avait empiré jusqu'à en venir à aujourd'hui. Lorsqu'il s'éloigna, il dit au pasteur : « Maintenant, mon "père", ne me jugez pas trop durement! »

Le pasteur fit usage de la loi du talion, qu'il l'ait su ou non à ce moment-là. Imaginez ce qui serait arrivé s'il était descendu avec un revolver dans la main et avait décidé de riposter par la force! Mais, ce n'est pas ce qu'il a fait. Il maîtrisa le guérillero parce qu'il l'affronta avec une force qui lui était inconnue.

Si vous réussissez, rappelez-vous qu'en quelque part, quelqu'un vous a donné un coup de main ou une idée qui vous a lancé dans la bonne direction. Rappelez-vous aussi que vous avez une dette envers la vie qui est celle d'aider une autre personne moins fortunée que vous, tout comme vous avez déjà été aidé.

Pourquoi se fait-il que lorsque vous commencez à gagner de l'argent, le monde entier semble être un sentier menant à votre porte?

Discutez avec toute personne que vous connaissez qui a atteint un succès financier et elle vous confirmera que des occasions de gagner de l'argent lui sont constamment offertes!

« À toute personne qui a déjà, on donne davantage, mais à celui qui n'a pas reçu, on retire même ce qu'il a. »

Cette citation de la Bible me semblait ridicule par le passé et pourtant, elle est vraie, une fois réduite à sa signification réelle.

Oui, à celui qui a, il sera donné davantage. S'il « a » l'échec, le doute, la haine ou le manque de maîtrise de soi, ces fatalités lui seront données toujours en plus grande abondance! Mais s'il « a » le succès, la confiance en soi, la maîtrise de soi, la patience, la persévérance et la détermination, ces qualités seront données en plus grande abondance! Mais s'il « a » du succès, de la confiance en lui-même, de la maîtrise de soi, de la patience, de la ténacité et de la détermination, ces qualités lui seront donc multipliées! Parfois, il peut être nécessaire d'utiliser la force par la force, jusqu'à ce que nous ayons dominé notre opposant ou notre adversaire, mais du moment où il est KO, c'est le moment idéal pour utiliser la loi du talion en lui tendant la main et en lui montrant une meilleure façon de régler des désaccords.

C'est à vous de décider ce que vous voulez que fassent les autres et c'est à vous de les amener à le faire par le principe de la bonté.

La règle divine est automatique et très simple : *Nous recevons seulement ce que nous donnons.*

Comme il est vrai que *nous recevons que ce que nous donnons,* ce n'est pas alors ce que nous *souhaitons* qui nous revienne, mais ce que *donnons.*

Je vous prie d'utiliser ce principe pas nécessairement que pour le gain matériel, mais, mieux encore, pour parvenir au bonheur et se faire des amis.

Après tout, c'est le seul vrai succès qu'on devrait s'efforcer à atteindre.

Dans cette leçon, nous avons appris une grande loi, sans doute la loi la plus importante en psychologie! Nous avons appris que nos pensées et nos actions envers les autres ressemblent à un aimant qui attire vers nous la même sorte de pensée et d'action que nous créons nous-mêmes.

Nous avons appris que *la bonté attire la bonté*, que ce soit en pensée ou en action. Nous avons appris que l'esprit humain répond de la même façon, à toute impression mentale qu'il reçoit. Nous avons appris que l'esprit humain ressemble à la terre, en ce qu'il reproduira les actions correspondantes, de la même façon, aux impressions sensorielles qui y ont été implantées. Nous avons appris que la bonté engendre la bonté, que l'hostilité et l'injustice engendrent les mêmes résultats.

Nous avons appris que nos actions envers les autres, qu'elles soient gentilles ou hostiles, justes ou injustes, nous reviennent et souvent dans une plus large mesure! Nous avons appris que l'esprit humain répond de la même façon à toutes les impressions des sens qu'il reçoit; alors, nous savons donc ce que nous devons faire pour influencer toute action souhaitée de la part d'une autre personne. Nous avons appris qu'orgueil et obstination doivent être balayés avant que nous puissions utiliser la loi du talion de manière constructive.

Nous n'avons *pas* appris ce qu'est la loi du talion, mais nous avons appris comment elle agit et ce qu'elle fera. Alors, il nous reste qu'à faire un usage intelligent de cette grande loi.

L'ÉVOLUTION DES MOYENS DE TRANSPORT

Une rencontre avec l'auteur après la leçon

Rien n'est permanent, sauf le changement. Le temps est toujours en mouvement, changeant et modifiant, autant la mise en scène que les acteurs. De nouveaux amis remplacent constamment les anciens. Tout est en état de continuel changement. Dans tout cœur se trouvent la semence de la coquinerie et celle de la justice. Tout être humain est à la fois criminel et saint; il est donc dépendant des circonstances auxquelles il se rallie. L'honnêteté et la malhonnêteté sont essentiellement des questions de point de vue individuel. Le faible et le fort, le riche et le pauvre, l'ignorant et l'instruit changent constamment de rôle.

En *vous* connaissant, vous connaissez ainsi toute la race humaine. Il n'y a qu'une vraie réalisation, et c'est la capacité de *penser avec exactitude*. Nous avançons avec la parade ou la regardons passer; mais nous ne pouvons rester immobiles.

Rien n'est permanent, sauf le changement!

L'évolution de la technologie améliore les moyens de transport. Tous ces changements se sont d'abord produits dans l'esprit humain.

L'homme n'était pas satisfait des méthodes rudimentaires de transport. Cette insatisfaction a été le point de départ de tout progrès. Pensez à eux en lisant ce qui suit.

Comme le cerveau de l'homme a commencé à se développer, l'homme a découvert comment atteler un bœuf à un chariot et ainsi éviter la corvée de tirer lui-même la charge. C'était d'une utilité pratique. Mais lorsque la diligence fit son apparition, ce fut à la fois de l'utilité et de l'élégance. Malgré tout, l'homme n'était pas encore satisfait et cette insatisfaction ultimement créa la locomotive à vapeur.

Maintenant, tous ces moyens de transport ont été écartés dans presque toutes les parties du monde. L'homme tirant une charrette, le bœuf tirant un chariot, la diligence et la locomotive à vapeur appartiennent tous au passé.

Pensez aux méthodes de transport qui existent présentement. Comparez-les avec ceux du passé et vous aurez une idée assez juste de l'énorme développement qui a pris place dans le cerveau et l'esprit de l'homme. Les automobiles se déplacent à de grandes vitesses et sont devenues aussi populaires que le chariot à deux roues d'une époque révolue. Et, malgré tout cet avancement, nous n'étions pas encore satisfaits. Voyager sur les routes était trop lent. Regardant vers le firmament, nous avons vu les oiseaux voler haut dans le ciel et sommes devenus *déterminés* à les dépasser. Nous avons alors pris le contrôle des airs. Non seulement l'homme se fait-il transporter dans les airs à une vitesse stupéfiante, mais il a exploité l'éther et lui fait transporter ses paroles partout autour de la terre en une fraction de seconde.

Toute influence qui amène une personne à penser lui permet aussi de devenir plus forte mentalement. Les stimulants de l'esprit sont essentiels à la croissance. Depuis les jours où la charrette était tirée par un homme jusqu'au temps présent où il possède le contrôle aérien, le seul progrès de l'être humain provient du résultat des influences qui ont stimulé son esprit à accomplir de plus grandes choses.

Les deux influences majeures qui font progresser l'esprit humain sont une forte envie *d'améliorer ses conditions de vie et son désir de créer*. Certains esprits se développent seulement après avoir subi l'échec, la défaite et autres formes de châtiment qui les stimulent à générer une plus grande action pour s'en sortir. D'autres esprits s'atrophient et meurent lorsqu'ils sont confrontés au même châtiment, mais ils pourraient atteindre des sommets incroyables si on leur fournissait l'occasion de se servir de leur imagination de façon créatrice.

Comprenez l'évolution des moyens de transport et vous observerez un aspect remarquable très important à se rappeler : toute l'histoire en a été une de développement et d'avancement stimulés par la nécessité. Dans le passé, le besoin de changer était basé sur la nécessité.

Actuellement, le besoin est une combinaison de nécessité et du désir de créer. À l'avenir, un grand besoin de créer sera le seul stimulant qui motivera constamment l'esprit humain pour atteindre des sommets jamais imaginés.

Il y a un long chemin depuis le temps où l'homme tirait une charrette et le présent. Il a réussi à domestiquer la foudre pour arriver à faire tourner des machines qui rendent autant de services en une minute que dix mille personnes pouvaient en rendre en un jour. Mais même si la distance a été longue, le développement de l'esprit humain s'est développé tout autant, et il a été suffisant pour en arriver éventuellement à ce que le travail soit fait à travers le monde avec des machines fonctionnant grâce aux forces de la nature et non par la force humaine.

Les changements évolutifs dans les moyens de transport ont créé d'autres problèmes que l'esprit humain doit résoudre. L'automobile a conduit l'homme à construire de meilleures routes, et en plus grand nombre. L'automobile engendre chaque année la perte de milliers de vies. L'esprit de l'homme doit maintenant répondre à ce besoin *nécessaire* et régler cette urgence.

Si vous possédez un esprit fertile, vous pourriez être la personne qui trouvera la solution à cette *nécessité* et ainsi recevra des redevances de vos ventes. La valeur que cette suggestion peut représenter pour vous réside dans la possibilité des *pensées* que vous pouvez lui accorder, pour ainsi développer et amplifier votre esprit. Rappelez-vous que le but de cet essai est de vous procurer la semence de la suggestion; non pas le produit fini d'une invention prête à rendre service.

Étudiez-vous et découvrez à laquelle des deux grandes impulsions majeures votre esprit réagit le plus naturellement - celle de répondre à un besoin ou celle du désir de créer. Si vous êtes parents, étudiez vos enfants et déterminez auquel de ces deux mobiles ils répondent de manière naturelle. Des millions d'enfants ont eu leur imagination étouffée ou ignorée par des parents qui leur ont enlevé le plus possible leur pouvoir créateur, ce qui leur aurait permis de répondre à des besoins nécessaires. En rendant les choses faciles pour vos enfants, il se peut que vous priviez le monde d'un génie. Gardez à l'esprit que la plupart des progrès de l'humanité ont été le résultat d'une *nécessité* flagrante!

La loi de l'évolution est toujours et partout à l'œuvre - changeant, éliminant et reconstruisant chaque élément matériel sur cette terre et dans l'univers. Les villes, les campagnes et les communautés subissent des changements constants. Retournez là où vous viviez il y a vingt ans et vous aurez de la difficulté à reconnaître l'endroit et les gens. De nouveaux visages auront fait leur apparition. De nouveaux édifices auront remplacé les anciens. Tout paraîtra différent parce que tout le sera.

L'esprit humain subit aussi des changements constants. Si c'était faux, il nous serait impossible de dépasser l'âge mental d'un enfant. Tous les sept ans, l'esprit d'une personne normale devient remarquablement développé et élargi. C'est durant ces changements périodiques de l'esprit que les mauvaises habitudes peuvent être abandonnées et que de meilleures peuvent être cultivées.

L'esprit, stimulé par une pulsion de nécessité ou par amour de créer, se développe plus rapidement que celui qui n'est jamais stimulé à performer des actions plus grandes que celles qui sont nécessaires pour survivre.

La faculté d'imagination d'un esprit humain est la plus grande pièce de machinerie jamais créée. Grâce à l'imagination, tout objet ou machine a été fabriqué de mains d'hommes.

Derrière toute grande industrie et entreprise commerciale réside la force toute-puissante de l'imagination!

Forcez votre esprit à *penser*! Procédez en combinant de vieilles idées en de nouveaux projets. Toute grande invention et toute entreprise importante ou réalisation industrielle que vous pouvez nommer est, en dernière analyse, l'application d'une combinaison de plans et d'idées déjà utilisés, mais d'une autre manière.

Derrière le marteau qui frappe
Par lequel l'acier est forgé,
Derrière la clameur de l'atelier,
Le chercheur peut trouver la pensée;
La pensée qui est toujours maîtresse
Du fer, de la vapeur et de l'acier,
Qui s'élève au-dessus du désastre
Et l'écrase sous son talon.

L'homme de peine peut être soucieux, chagriné
Ou travailler à coups vigoureux,
Mais derrière lui se tient le Penseur,
L'homme clairvoyant qui sait.
Derrière le pelle ou le sabre,
Chaque pièce, chaque partie, chaque tout
Se trouvent les cerveaux du labeur,
Qui donnent une âme au travail.

Derrière le moteur qui ronronne,
les cloches qui sonnent,
le marteau qui résonne,
les grues qui se balancent,
Il y a l'Oeil qui les analyse,
Surveillant les pressions et les tensions,
Il y a l'Esprit qui les planifie -
Derrière le muscle, le Cerveau.

De la chaudière grondante,
Force de la poussée du moteur,
Force du travailleur transpirant,
En cela, nous nous fions grandement;
Mais derrière eux est le conspirateur,
Le Penseur qui fait tout avancer,
Derrière le travail, le Rêveur
Qui permet au rêve de se réaliser.

-Berton Braley

Dans six ou douze mois d'aujourd'hui, revenez lire ce chapitre et vous observerez combien plus vous en retirerez que lors de votre première lecture. Le *temps* donne à la loi de l'évolution une chance de développer votre esprit pour qu'il puisse voir et comprendre davantage.

LECTURES DE CROISSANCE PERSONNELLE

Vivre libre, sans peur! Le secret de Ben (roman d'inspiration) ***Mark Matteson***

Vivre libre, sans peur, pour toujours! Le cadeau de mariage (roman d'inspiration) ***Mark Matteson***

Votre plus grand pouvoir, ***J. Martin Kohe***

La carte routière de VOTRE succès ! ***John C. Maxwell***

Le pouvoir des mots, ***Yvonne Oswald***

Droit au but, ***George Zalucki***

Réussir avec les autres, des relations humaines harmonieuses, ***Cavett Robert***

Les lois du succès, ***Napoleon Hill (17 leçons en 4 tomes)***

La gratitude et VOS buts... pour créer la vie dont VOUS rêvez! ***Stacey Grewal***

Journal quotidien de gratitude, ***Stacey Grewal***

Le coach, histoire personnelle de dépassement de soi et enseignement de moyens pour se prendre en main, ***Luc Courtemanche***

De l'or en barre, 52 lingots d'inspiration personnelle, ***Napoleon Hill et Judith Williamson***

Nos pensées, leur impact sur notre vie, ***Agathe Raymond***

Doublez vos contacts, ***Michael J. Durkin***

Prospectez avec Posture et Confiance, ***Bob Burg***

Agenda annuel, ***Performance Édition***

L'effet Popcorn, ***Marie-Josée Arel et Julie Vincelette (Tome 1)***

Dans la collection **EXPÉRIENCE DE VIE :**

- Drogué... sans l'avoir demandé! ***Suzanne Carpentier***
- Briser le silence pour enfin sortir de l'ombre, ***Josée Amesse***
- Se choisir, un rendez-vous avec soi-même pour voyager léger, ***Robert Savoie***

LES LOIS DU SUCCÈS
TOME 1

PLUS DE MILLE PAGES DE DYNAMITE MENTALE!
17 leçons en 4 tomes

*Le plus grand classique de tous les temps revisité pour chaque personne ayant à cœur de réussir **SA** vie et réussir **DANS** la vie!*

C'est en 1908 que Napoleon Hill a été approché par Andrew Carnegie qui, à la suite d'une entrevue pour écrire un article pour un magazine, lui a offert de lui faire rencontrer les hommes les plus puissants de l'époque dans le but de découvrir les secrets de leurs succès. Ainsi, cette philosophie pourrait être utilisée par tous ceux qui voulaient s'aider à créer leur propre réussite et réaliser leurs rêves.

En 1927, le mentor maintenant de tant de grands hommes d'affaires, a finalement rassemblé tout ce qui allait devenir la toute première édition du livre qui s'est vendu à des millions d'exemplaires, en de nombreuses langues, à l'échelle mondiale *Les Lois du Succès*. Il a eu comme amis des noms aussi prestigieux que Andrew Carnegie, Henry Ford, Thomas A. Edison, Alexander Graham Bell, John D. Rockefeller, William Wrigley et bien d'autres, toutes des personnes parmi les plus prestigieuses de cette époque. C'est en interviewant des centaines de personnes ayant réussi qu'il a colligé toutes les réponses afin de les offrir à ceux qui veulent prendre le même chemin. Napoleon Hill a aussi été conseiller auprès de deux Présidents des États-Unis soit Woodrow Wilson et Franklin D. Roosevelt.

LES 4 LEÇONS DU TOME 1 SONT :

- Le génie organisateur
- Un but clairement défini
- La confiance en soi
- L'habitude de l'épargne

C'est en 1908 que Napoleon Hill a été approché par Andrew Carnegie. À la suite d'une entrevue dans le but d'écrire un article pour un magazine, M. Carnegie a offert à M. Hill de lui faire rencontrer les hommes les plus puissants de l'époque, et cela, dans le but de découvrir les secrets de leur succès. Une fois cette philosophie décrite bien clairement, elle pourrait être utilisée par tous ceux qui voulaient s'aider à créer leur propre réussite et réaliser leurs rêves.

En 1927, Napoleon Hill a finalement rassemblé tout ce qui allait devenir la toute première édition du livre Les Lois du Succès qui s'est vendu à des millions d'exemplaires, en de nombreuses langues, à l'échelle mondiale. Il a eu des amis aussi prestigieux que Andrew Carnegie, Henry Ford, Thomas A. Edison, Alexander Graham Bell, John D. Rockefeller, William Wrigley et d'autres, toutes des personnes parmi les plus prestigieuses de cette époque et qui sont restés des modèles pour notre époque. C'est en interviewant des centaines de personnes ayant réussi qu'il a colligé toutes les réponses afin de les offrir à ceux qui veulent prendre le même chemin.

ISBN 978-2-923746-65-4

www.performance-edition.com

LES LOIS DU SUCCÈS
TOME 2-3-4

PLUS DE MILLE PAGES DE DYNAMITE MENTALE!
17 leçons en 4 tomes

Le plus grand classique de tous les temps revisité pour chaque personne ayant à cœur de réussir ***SA*** *vie et réussir* ***DANS*** *la vie!*

Tome 2 contient : L'initiative et le leadership
L'imagination
L'enthousiasme
La maîtrise de soi

Tome 3 contient : L'habitude de faire plus que le salaire perçu
Une personnalité agréable
Penser avec exactitude
La concentration

Tome 4 contient : La coopération
Tirer une leçon des échecs
La tolérance
La pratique de la Règle d'Or
La loi universelle de la force cosmique des habitudes

Collection Croissance Personnelle

www.performance-edition.com

LE POUVOIR DES MOTS

YVONNE OSWALD

« Pourquoi ne pas tourner à votre avantage les milliers de mots que vous utilisez à chaque jour de votre vie ? Dirigez votre destin maintenant grâce à vos pensées et à votre langage et préparez-vous à recevoir des résultats mesurables et étonnants! »

***Raymond Aaron**, auteur de bestsellers*

Les mots sont imprégnés de pouvoir. Non seulement les mots que nous prononçons en pensées comme en paroles, décrivent-ils notre monde, mais ils le créent aussi. Ils influent profondément sur notre vie; en fait, nos discours intérieurs produisent la totalité des résultats que nous obtenons. Dans cet ouvrage pratique d'avant-garde, Yvonne Oswald nous apprend à filtrer les mots qui ne nous sont d'aucun soutien en vue de produire de remarquables résultats en changeant notre perspective, nos relations et notre habileté à concrétiser nos désirs les plus profonds. La formule qu'elle propose est conviviale et holistique, et combine la science du langage, le bien-être physique et un nettoyage émotionnel. Les clés du succès et du bonheur qu'elle vous propose vous remettront en contact avec votre plan de vie original et approfondiront votre compréhension de ce qu'est une vie réussie.

Le pouvoir des mots charmera tous vos sens et vous armera de puissants outils essentiels au changement. Conseils, exercices, scripts, témoignages, métaphores et science s'entremêlent dans ces pages pour créer une alliance dynamique de croissance quantique qui ne manquera pas de propulser votre transformation vers de nouveaux sommets.

Yvonne Oswald a complété un doctorat en hypnose clinique et fait partie du comité d'éthique de l'Association de la Psychologie Intégrante. Elle est une thérapeute hautement respectée et une facilitatrice. Yvonne est une professeure qualifiée et une entraîneure en hypnothérapie. Elle a une maîtrise en pratique de neurolinguistique (PNL) et une maîtrise en technique de régression. Elle est une conférencière chevronnée. Elle apparaît fréquemment dans des émissions radiophoniques, à l'échelle régionale et nationale, ainsi que dans des émissions de télévision pour encourager la croissance personnelle et le développement. Elle demeure à Toronto, Ontario.

ISBN 978-2-923746-22-7 (livre)
ISBN 978-2-923746-23-4 (epdf)
ISBN 978-2-923746-24-1 (epub)

www.performance-edition.com

NOS PENSÉES, LEUR IMPACT SUR NOTRE VIE!

AGATHE RAYMOND

Vous désirez apporter des changements à votre vie ou concrétiser un projet qui vous tient à cœur et qui reste en plan depuis trop longtemps? Voilà le livre qu'il vous faut, car il vous donne des outils efficaces pour la mise en pratique d'un objectif! Vos pensées sont véritablement les meilleurs outils à votre disposition pour vous permettre de vous réapproprier tout votre potentiel et d'arriver à vos fins.

Grâce à ce livre, vous serez d'abord amené à prendre conscience de l'impact et des répercussions qu'ont vos pensées sur tous les plans de votre vie. Puis, vous apprendrez le fonctionnement de vos pensées afin de leur rendre leur pouvoir créateur et de les utiliser efficacement sur une base quotidienne, en votre faveur. Le but fondamental de ce livre sur la pensée créatrice est de vous fournir une méthode, une marche à suivre pour concrétiser facilement vos objectifs en apprenant à vous servir de vos pensées pour qu'elles deviennent des outils de création.

Découvrez sans plus tarder cet outil extraordinaire et puissant qui est à votre portée!

AGATHE RAYMOND est membre de l'Association nationale des naturothérapeutes et est aussi formatrice agréée et coach de vie. Depuis plus de 30 ans, elle se dédie corps et âme à la compréhension de l'Être dans sa globalité. L'objectif ultime qu'elle poursuit depuis toutes ces années est d'aider chaque personne à trouver sa voie, sa mission de vie, en se tournant vers son ressenti intérieur et en allant réellement puiser au plus profond de soi-même son véritable désir de réalisation. Son leitmotiv, « ouverture vers la libération de l'être » véhicule très bien le fondement de sa propre mission.

ISBN 978-2-923746-17-3 (livre)
ISBN 978-2-923746-18-0 (epdf)
ISBN 978-2-923746-19-7 (epub)

www.performance-edition.com

RÉUSSIR AVEC LES AUTRES

CAVETT ROBERT

Un plan simple en six étapes qui fonctionne vraiment. Dix-neuf chapitres bourrés d'une telle sagesse que le lecteur ne saura que profiter de l'enseignement de ce grand homme qui a marqué son époque. La lecture de ce livre ne peut qu'enrichir le lecteur sur le plan humain et l'aider à mieux réussir sa vie et dans la vie. Son message est aussi actuel qu'il l'était en ce temps-là. Il s'agit d'une lecture qui traverse les âges. Sa sagesse, sa chaleur et son humour ont créé un impact sur des millions de personnes. Réussir avec les autres est une pierre d'assise pour la croissance personnelle et le progrès humain. Mettre en pratique son enseignement est assurément un gage de réussite.

CAVETT ROBERT est né en 1907 au Mississipi. Il a gradué en droit et en 1937, il a établi une étude juridique en Arizona. Il a débuté en tant que conférencier au début des années '60 et en 1972, il a reçu le Golden Gavel Award de la renommée association Toastmasters. Il est décédé en 1997.

En 1972, il a fondé la NSA (Association Nationale des Conférenciers). Son amour, encouragement, générosité et sagesse continuent d'influencer l'esprit de l'Association et continue de la guider alors qu'elle grandit en nombres et en diversité. Cavett Robert a toujours démontré une merveilleuse habileté à inspirer les autres et à partager sa sagesse et son expertise.

Il se plaisait à dire : « Si on étudie la vie des grands hommes et grandes femmes de l'histoire bien attentivement, et cela, sans aucune émotion, on découvre qu'invariablement, leur grandeur s'est développée, a été mise à l'épreuve et s'est révélée au cours de périodes noires de leur vie. « Un des plus grands affluents de la rivière de la grandeur est toujours le ruisseau de l'adversité », se plaisait-il à dire. C'était vrai et cela le restera jusqu'à la fin des temps.

ISBN 978-2-923746-38-8 (livre)
ISBN 978-2-923746-39-5 (epdf
ISBN 978-2-923746-40-1 (epub)

www.performance-edition.com

LA CARTE ROUTIÈRE DE VOTRE SUCCÈS

JOHN C. MAXWELL

Une stratégie simple pour entreprendre un voyage vers votre succès. La définition du succès n'est pas la même pour chacun. D'un autre côté le processus pour y arriver est le même. Réussir, c'est de connaître votre objectif de vie, de croître afin d'atteindre votre plein potentiel et de semer des graines qui profiteront à d'autres personnes.

Lorsque vous percevez le succès comme un voyage, vous ne faites jamais l'expérience d'essayer d'arriver à une destination finale insaisissable.

La Carte routière de VOTRE succès est un livre dont la compréhen-sion et la valeur aideront les lecteurs à entreprendre un voyage pour lequel ils ont été créés, à continuer à avancer, à vivre leurs rêves et à compléter leur parcours comme les gagnants qu'ils sont.

JOHN C. MAXWELL est un conférencier reconnu à l'échelle mondiale et un expert sur le thème du leadership. Il est l'auteur de plusieurs livres qui ont été vendus à plus de 15 millions d'exemplaires. Son organisation a formé plus d'un million de leaders à travers le monde.

ISBN 978-2-92374-09-8 (livre)
ISBN 978-2-92374-20-3 (epdf)
ISBN 978-2-92374-21-0 (epub)

LISTE

des produits Cascades utilisés :

651 livre(s) de Rolland Enviro100 Edition
100 % post-consommation

RÉSULTATS

Selon les produits Cascades sélectionnés, en comparaison à la moyenne de l'industrie pour des produits faits à 100% de fibres vierges, vos sauvegardes environnementales sont:

6 arbres

20 207 L d'eau
58 jours de consommation d'eau

248 kg de déchets
5 poubelles

814 kg CO_2
5 444 km parcourus

5 GJ
22 456 ampoules 60W pendant une heure

1 kg NOx
émissions d'un camion pendant 3 jours